意 匠
出願のてびき

令和3年改正法対応〔第36版〕

一般財団法人 創英IPラボ 編

発明推進協会

第36版改訂にあたって

令和2年初頭から全世界で猛威を振るっている新型コロナウイルス（COVID-19）は出現から3年目となり、世界経済はもちろんのこと、人々の生活や働き方に大きな変化をもたらしました。これはご存知の通り知的財産の世界でも同様で、世界的に電子化・オンライン化が大幅に進み、WithコロナからAfterコロナに向け、行政庁などでも環境が整い始めてきている昨今となっております。

そのような中、平成27年に特許庁より本書の改訂を引き継いでから、早7年が経過しようとしており、日本国内においても新生活様式に沿うような形での法改正が進んで参りました。

この第36版ではこれまでの改正内容を反映させるのは当然のこととしながらも、電子化が進んだ現在にこそ有用な情報というものを特に意識し改訂を致しました。

インターネットから多くの情報が得られる時代ではありますが、意匠出願の事務手続に必要な情報だけが詰まった一冊となっていると自負致しておりますので、皆様のお役に立てることを願っております。

なお、本書の改訂にあたっては前回から引き続き、特許庁への手続実務に経験豊富な小貫正嗣弁理士を中心とし、一般財団法人創英IPラボ及び創英国際特許法律事務所グループに在籍する気鋭のメンバー（野間悠弁理士、土田裕介）が行いました。

改訂版を作成するにあたって様々なご協力をしてくださった一般社団法人発明推進協会出版チームの皆様には、この場を借りて御礼申し上げる次第です。

本書が、特許庁への手続実務に際して理解の一助となり、皆様において有用であれば幸いです。

令和4年12月

一般財団法人創英IPラボ

理事　長谷川　芳樹

発刊にあたって

　私たちの生活は、多くの家庭用品や工業製品に取り囲まれています。私たちが家庭用品や工業製品などを購入するときには、その商品の性能や価格とともに、商品のデザインも大きな影響を与えます。同じ性能の商品が並んでいればデザインの良い商品を選びます。

　このように商品のデザインは、商品の販売に重要な地位を占めています。

　このデザイン（意匠）の保護を図るための法律が意匠法です。

　このてびきは、意匠権の権利を取得するための手続について、最小限度必要な事務的知識を書いたものですが、幾分でも皆様に役立てれば幸です。

※特許庁編の発刊当時の文章を尊重し、そのまま掲載しています。

目　　　次

凡　　例

　このてびきは、主として意匠登録出願の手続及び権利の保全に、最小限度必要な事務的知識を書いたものですが、特にそれらの法的根拠を知りたい方の便宜を考慮して、文中に法令の関係条文を掲載しました。

例	意§2	意匠法第2条
	意§2①	意匠法第2条第1項
	意§60の24	意匠法第60条の24
	特§1	特許法第1条
	実§1	実用新案法第1条
	意§15＝特§38	意匠法第15条において準用する特許法第38条
	意施規§19	意匠法施行規則第19条
	特例§3	工業所有権に関する手続等の特例に関する法律第3条
	特例施令§1	工業所有権に関する手続等の特例に関する法律施行令第1条
	特例施規§10	工業所有権に関する手続等の特例に関する法律施行規則第10条

　2002年（平成14年）7月3日に決定された知的財産戦略大綱において、従来の「知的所有権」という用語は「知的財産」、「知的財産権」に、「工業所有権」という用語は「産業財産」、「産業財産権」に、それぞれ改めることになりました。本書においても、可能な限り新しい用語を使用しています。

　※法律名や組織名等では、従来の用語のまま用いているところもあります。

第1章

出願をする前に
知っておくべきこと

1. 意匠制度について

(1) 意匠制度の目的

　意匠制度は、物品等の美的外観である「意匠」の保護及び利用を図って、意匠の創作を奨励し、産業の発達に役立たせることを目的としています。特許制度や実用新案制度が技術的な側面からアイデアを保護するものであるのに対して、意匠制度は美感の側面からアイデアを把握し保護しています。

　意匠法では、意匠権者に出願日から25年間の独占権を認めるとともに、意匠の内容を広く世に公開し、25年の期間の経過後は、誰でも自由にこれを利用することができるようにしています。

　本書では、これらの点をふまえたうえで、意匠登録に関する手続の具体的な説明をしていきます。

　なお、次頁のフローチャートは、出願から権利消滅までを示すもので、括弧のついた数字は、関係する法律の条文及び解説等が記載された本書の頁数を示しています。手続の流れを把握するための参考としてください。

(2) 意匠法の保護対象

　意匠法は「意匠」を保護の対象としています。意匠とは、「物品（物品の部分を含む）の形状、模様若しくは色彩又はこれらの結合、建築物（建築物の部分を含む）の形状、模様若しくは色彩又はこれらの結合、画像（画像の部分を含む）であって、視覚を通じて美感を起こさせるもの」をいいます（意§2①）。

　意匠法はこのような「意匠」であることを前提に、「工業上利用することができるものである」、「新規性や創作非容易性を有するものである」、「もっとも先に出願されたものである」といった要件（※）を満たすものに限って意匠登録を認めています。

　※これら実体的な要件については、特許庁ホームページ上に掲載されている「意匠審査基準」等をご参照ください。

意匠登録出願から権利消滅までのフローチャート

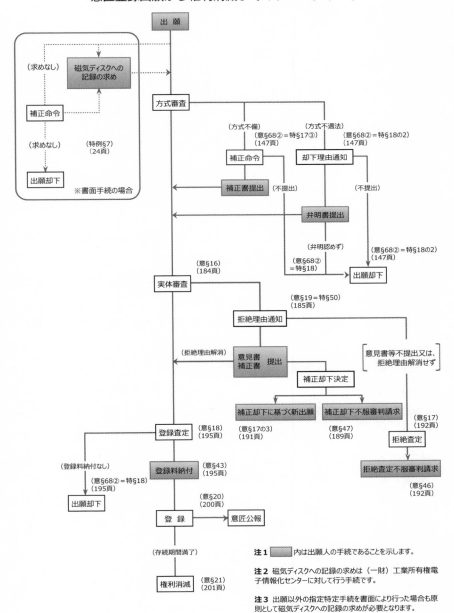

出 願

磁気ディスクへの記録の求め

（求めなし）

補正命令

（求めなし）

（特例§7）
（24頁）

出願却下

※書面手続の場合

方式審査

（方式不備）
（意§68②＝特§17③）
（147頁）

（方式不適法）
（意§68②＝特§18の2）
（147頁）

補正命令

却下理由通知

補正書提出 （不提出）

（不提出）

弁明書提出

（弁明認めず）
（意§68②
＝特§18）

（意§68②＝特§18の2）
（147頁）

出願却下

（意§16）
（184頁）

実体審査

（意§19＝特§50）
（185頁）

拒絶理由通知

（拒絶理由解消）

意見書
補正書 提出

意見書等不提出又は、
拒絶理由解消せず

補正却下決定

補正却下に基づく新出願

補正却下不服審判請求

（意§17）
（192頁）

登録査定 （意§18）
（195頁）

（意§17の3）
（191頁）

（意§47）
（189頁）

拒絶査定

（登録料納付なし）

（意§68②＝特§18）
（195頁）

登録料納付 （意§43）
（195頁）

拒絶査定不服審判請求

（意§46）
（192頁）

出願却下

（意§20）
（200頁）

登 録 → 意匠公報

（存続期間満了）

権利消滅 （意§21）
（201頁）

注1 ▨ 内は出願人の手続であることを示します。

注2 磁気ディスクへの記録の求めは（一財）工業所有権電子情報化センターに対して行う手続です。

注3 出願以外の指定特定手続を書面により行った場合も原則として磁気ディスクへの記録の求めが必要となります。

２．先行意匠調査

(1) 調査の必要性

あるデザインについて意匠登録を受けようとしても、すでに公知になっている意匠についての出願は拒絶されてしまいます。また、新たに開発した製品と同一又は類似の他人のデザインがすでに意匠登録されている場合には、その新製品の製造や販売は他人の意匠権の侵害となってしまいます。したがって、事前に「先行意匠調査」を行い、先行する意匠を把握しておくことが重要です。

(2) 先行意匠調査の方法

意匠登録出願に際して、すでに公知になっている意匠の有無を正確に調べるためには、国内外の意匠公報のほか、雑誌、カタログ、インターネットに公開された情報など、世界中のあらゆる情報を確認する必要がありますが、膨大な時間と費用が必要であり、現実的ではありません。

そこで、ここでは代表的な先行意匠調査の方法である「意匠公報調査」について説明します。

意匠公報調査は、特許庁に登録された意匠の情報が蓄積されたデータベースを利用して行います。データベースには民間会社による有料データベースもありますが、私たちが最も簡単に利用できるのは、特許庁が保有する情報の無料公開データベースである「特許情報プラットフォーム（J-PlatPat）」です。

J-PlatPatの利用にあたってはインターネット環境及び所定のWebブラウザが必要となります。サービスの提供元である独立行政法人工業所有権情報・研修館（INPIT）のホームページ上で、マニュアル等を参照、ダウンロードすることができます。なお、特許庁ホームページ上からもリンクを通じてJ-PlatPatにアクセスすることができます。

① 日本意匠分類による調査

登録意匠には、それぞれ「日本意匠分類」が付与されています。例えば、「鉛筆」であれば、「F2-1110」という日本意匠分類が付与されています。これ

を活用して意匠公報調査を行うことができます。

　なお、日本意匠分類は、特許庁ホームページ（https://www.jpo.go.jp/system/design/gaiyo/bunrui/isyou_bunrui/index.html）で確認できます。

※「特許情報プラットフォーム（J-PlatPat）ホームページ」より

　日本意匠分類による具体的な検索方法は、例えば次のようになります。

　J-PlatPatの「意匠」にポインタをあわせると表示される「意匠検索」をクリックし、検索項目「日本意匠分類／Ｄターム」の検索キーワードの欄に、日本意匠分類の具体的な記号を入力します。例えば「鉛筆」であれば「F2-1110」と入力します（この際、「F21110」とハイフンを省略しても構いません。）。

　その後「検索」ボタンをクリックすると、登録されている意匠を一覧で見ることができます。一覧中には各登録意匠の代表的な図等が表示されています。

　一覧中の各件をクリックすると詳細が表示されますので、先行登録意匠の内容を把握することができます。

②　キーワードを用いた調査

　日本意匠分類による検索のほか、「意匠検索」のページでは、意匠に係る物品（「鉛筆」、「ボールペン」等）、出願人／意匠権者、創作者等の様々な検索項目を用いて、調査をすることができます。

※「特許情報プラットフォーム（J-PlatPat）ホームページ」より

③　同一又は類似の判断

　　上記のような検索によりヒットした登録意匠と、自分が新たに開発した製品のデザインとが「同一」または「類似」でないか、1件ずつ判断を行います。なぜならば、意匠権の効力は「同一または類似」の意匠にまで及び、また、出願意匠が先行意匠と「同一または類似」である場合には、意匠登録を受けることができないからです。

(3)　**注意点**

　　登録意匠の情報がJ-PlatPatに反映されるまでには一定のタイムラグがありますので、検索結果が良好な場合でも、同一又は類似の先行意匠が出願されている可能性がある点には留意する必要があります。

　先行意匠調査においては、「類似する」意匠まで調査する必要があるため、どの範囲まで検索を行うべきか判断することが重要になります。例えば、「鉛筆」という物品は「ボールペン」という物品に類似します。したがって、ボールペンについても調査する必要があります。「F2」という分類には「筆記具」が広く分類されていますので、広めに検索することが望ましいですが、その分、時間や労力がかかります。さらに、その他の分類についても調査が必要な場合もあります。

　また、調査した先行意匠と、自分が新たに開発した製品のデザインとが「類似」するか否かの判断が難しい場合もあります。

　したがって、意匠の実施や登録可能性に関する高度な判断については、専門家（意匠専門の弁理士等）に相談されるとよいでしょう。

3．特許庁への手続の方法

　意匠登録出願から意匠登録を受けるまでには、いろいろな手続が必要になります。特許庁への手続には、インターネット出願ソフト（無償）を使用して電子的に行う「オンライン手続」と、郵送あるいは特許庁の窓口に持参して書面を提出する「書面手続」の2種類があります。

　特許庁の統計によれば、オンライン手続による出願率は意匠で9割を超えています。そのため本書では**オンライン手続を中心に**説明を行います。オンライン手続、書面手続ともに特徴がありますのでご自身に合った方法を選択してください。

　なお、本書ではオンライン手続での書類作成において用いられる「記録」という語を「記載」という語に統一しています。

(1)　オンライン手続

　オンライン手続は、出願人または代理人の所定のパソコン等から「インターネット出願ソフト」を使用し、インターネット回線を介して行います。この際、特許等関係法令の規定において手続に係る書面に記載すべきこととされている事項を入力します。

　オンライン手続においては、その手続が特許庁のコンピュータに備えられたファイルに記録された時に特許庁に到達したものとみなされ（特例§3②）、書類差し出しの効力が生じます。

　オンライン手続を行うことができるのは、工業所有権に関する手続等の特例に関する法律施行規則第10条に掲げる「特定手続」に限られます。意匠登録出願に係る一般的な手続は、その多くが特定手続とされています（特定手続以外の手続は書面手続で行います。）。**主な**特定手続は以下のとおりです。

- 意匠登録出願
- 補正却下後の新出願
- 意匠を秘密にすることの請求

- 出願の放棄又は取下げ
- 意匠登録を受ける権利の承継の届出
- 意見書の提出
- 秘密にすることを請求した期間の延長又は短縮の請求
- 特徴記載書の提出
- 拒絶査定等に対する審判の請求および当該審判に係る所定の手続
- 期間延長の請求
- 代理人の選任・変更・受任・辞任などの届出
- 過誤納の手数料の返還の請求
- 手続の補正又は補正の補正（代理権を証明する書面などの物件の提出をその内容とするものを除く）
- 原簿のうち所定の事項についての証明・交付の請求

① 事前準備

　　オンライン手続を行うためには、事前の準備及び手続が必要です。概要は以下のとおりです。

　　1　パソコン等機器の準備（インターネット出願ソフトの動作条件を満たす必要があります。）

　　2　通信環境（インターネット）の準備

　　3　電子証明書の取得

　　4　特許庁への事前手続（オンライン手続）

　　(i)　インターネット出願ソフトの入手（「電子出願ソフトサポートサイト」から無償でダウンロードします（CD-ROMでの配布は行われていません。）。）

　　(ii)　インターネット出願ソフトのインストール

　　(iii)　電子証明書インポート

　　(iv)　申請人利用登録

注1　意匠のオンライン手続においてカラー画像を扱う場合には、フルカラー対応のイメージスキャナや作図ソフトが必要です。

具体的な準備方法は、特許庁ホームページからリンクされている「電子出願ソフトサポートサイト」に詳しく説明されていますので、ご参照ください。

　電子証明書は、手続をする出願人や代理人が本人であることを証明するためのものです。指定の認証局へ申請して取得しますが、時間を要する場合がありますので、余裕をもって準備を行ってください。電子証明書には証明期間（有効期間）があり、発行にあたって所定の手数料がかかります。取得方法等についての詳細は、各認証局へお問い合わせください（指定の認証局の情報は、上記の「電子出願ソフトサポートサイト」に掲載されています。）。

　なお、申請人利用登録では識別番号が必要です。「識別番号」については227頁を参照してください。

共同利用電子出願端末の利用について

　各都道府県には知財総合支援窓口があり、「共同利用電子出願端末」が設置されています。この機器では、インターネット出願手続等が可能で、どなたでも利用することができます。

　したがって、頻繁に手続をしない場合には、これを利用すると良いでしょう。また、オンライン手続に関する指導、相談が受けられます。

　ご利用方法やご利用の予約等に関するお問い合わせは、巻末に記載の知財総合支援窓口へご連絡ください。

---

②　オンライン手続の手順

　実際にオンライン手続を行う場合には特許庁ホームページからリンクされている電子出願ソフトサポートサイトからインターネット出願ソフトの「操作マニュアル」、「ひな形」をダウンロードしてその操作マニュアルに従ってください。

オンライン手続の手順は概ね次のとおりです。

1　HTML形式の出願等申請書類を作成

　　ワープロソフト等を用いて特許等関係法令に定められている様式に基づき出願、中間手続、納付書等の申請書類をHTML形式で作成します。線で描く図はPNG形式、GIF形式又はBMP形式で、色彩や濃淡のある図又は写真はJPEG形式で保存し、HTML文書中のイメージ挿入位置にそのファイル名を指定します。

2　オンライン手続用の電子フォーマットに変換

　　インターネット出願ソフトは、指定されたHTML文書に対して書式チェックを行った後、特許庁が定める電子フォーマット（SGML）への変換を行います。

3　特許庁へ送信

　　インターネット出願ソフトにより作成した電子フォーマットのファイルをインターネット網により特許庁へ送信し、送信結果の通知（受付番号の通知）を受け取ります。また、受領書の要求を行い、受領書を受け取ります（原則、ソフトが自動受信します。）。受領書は手続を行った日のみ受け取り可能で、出願の場合は出願番号の通知の役割を兼ねています。

　なお、特許庁の電子出願ソフトサポートサイトでは「さくっと書類作成」といったサポートツールが提供されています。

（URL：https://sakutto.pcinfo.jpo.go.jp）

オンライン手続に関する問い合わせ先

1	電子出願に関する相談	特許庁 電子出願ソフトサポートセンター （平日 9時00分から18時15分）	直通 （東京）03-5744-8534 （大阪）06-6946-5070 Fax　03-3582-0510
2	電子出願の制度・説明会に関すること	特許庁 出願課特許行政サービス室 特許行政サービス班	03-3501-1101 内線2508番 Fax　03-3501-6010
3	電子出願の電子証明書登録等の手続に関すること	特許庁 出願課 申請人等登録担当	03-3581-1101 内線2764番 Fax　03-3501-6010
4	電子出願データの着信状況の確認	特許庁ホットライン （24時間 365日）	直通　03-3580-5002

③　手続の補足

　　特定手続に際して提出すべきものとされているが、オンライン手続によっては提出できない証明書等の物件を提出する場合（特例施規§19①）や、オンライン手続による一の特定手続を行う者（代理人により手続を行う場合にあっては代理人）が２人以上いる場合であって、オンライン手続を実行した者以外の者が、当該手続を行った旨を特許庁に申し出る場合（特例施規§21①）には、オンライン手続をした日から３日以内に「手続補足書」を提出する必要があります。

　　上記の手続については、138頁の「手続の補足」で詳しく説明しています。ご参照ください。

(2)　書面手続

①　書面手続は、特許等関係法令の規定において記載すべきこととされている事項を書面に記載して、特許庁に提出して行います。

　　出願書類等の提出の方法には、特許庁の窓口（特許庁出願支援課＝所在地〒100-8915、東京都千代田区霞が関３丁目４番３号）に直接差し出す方法と、封筒に「出願書類在中」と表示して、特許庁長官あて（特許庁所在地と同じ）

に郵便又は信書便により提出する方法があります。

　書類の差し出しの効力が生じるのは、原則、特許庁に書類が到達した日になりますが（到達主義）、願書又は提出の期間が定められているものを郵便又は信書便（宅配便、メール便などは信書便には当たりません。）により提出した場合には、その書類を郵便局又は信書便事業者に差し出した日に特許庁に到達したものとみなされます（発信主義）。ただし、差出日が確認できないときは特許庁に到達した日が有効日となります。

　したがって、郵便の場合には、差出日を確認できる「書留」にするのがよいでしょう。この場合の郵便物受領証の日付は、書類差し出しの効力を生ずる日（願書の場合は出願日）を証明するものですから大切に保管してください。

② 　特許庁は、願書を受け付けると、意匠登録出願の番号を付与し、出願人に出願番号通知書を送付します。その後の特許庁に対する手続は、この意匠登録出願の番号によって特定されますので、番号を間違えないよう必ず控えに記入しておいてください。この出願番号通知書と郵便物受領証を照合して、出願日に間違いがあるときは、郵便物受領証を添えて、特許庁に対して出願日の訂正を求めることができます。

③ 　信書便物については、「信書便物であることを示す表示、一般信書便事業者の氏名若しくは名称又は一般信書便事業者を示す標章及び信書便物を引き受けた日」が信書便物の表面に明瞭に記載されている事が条件となっています。信書便で提出され差出日が不鮮明な場合は、その受領証等で出願日の訂正を求めることはできませんので注意してください。

④ 　特許庁では、出願番号通知以外には、特許出願、実用新案登録出願、意匠登録出願及び商標登録出願に係る手続、並びに特許料及び登録料の納付書に限り受領書を送付していますが、提出した書類が特許庁に届いたかどうかの確認を希望するときは、書類の情報を記載した返信用のハガキ等を同封されるとよいでしょう。

　特許庁の窓口に直接差し出す場合には、提出する書類の控えを持参すると、受領印を押してもらうことができます。

⑤　提出した書類に関して、後日、特許庁から補正指令その他の通知を受けたような場合に、どの出願書類のどこを補正してよいのかわからなくなると困りますので、必ず控えを手元に保管しておいてください。

　　注1　「信書便」又は「信書便物」とは、「民間事業者による信書の送達に関する法律」第2条第2項に規定するものを指します。

(3)　磁気ディスクへの記録の求め

①　オンライン手続が可能とされている「特定手続」のうち経済産業省令で定められた手続（「指定特定手続」といいます。）（特例施規§30）を書面手続で行った者は、一般財団法人工業所有権電子情報化センターに対し、提出した書面に記載された事項を特許庁の磁気ディスクに記録すべきことを、当該手続をした日から30日以内に求めなければなりません（特例§7①、特例施規§31、§34）。

②　「磁気ディスクへの記録の求め」は具体的には、一般財団法人工業所有権電子情報化センターから指定特定手続に係る書面の提出の日から約2週間程度で手続者に送付される電子化料金の払込用紙を用いて行います。

　　この際、出願手数料等とは別途に、電子化料金が必要となり、1件あたり2,400円に、書面1枚につき800円を加えた額を納付する必要があります。

　　例えば、書面が10枚ある意匠登録出願を1件、書面手続にて行った場合、電子化料金は、2,400円＋800円×10枚の合計額である10,400円となります。

　　なお、2件以上を一の書面でする場合（多件一通方式（174頁））にあっては、1件ごとに一の書面でする場合の額の合計額を納付します。

　　「電子化料金の納付を必要とする手続（指定特定手続）」については、特許庁ホームページに一覧が掲載されていますので、ご参照ください。

③　指定特定手続の提出の日から30日以内に磁気ディスクへの記録の求めを行わないとき又は電子化料金が不足するときは、特許庁長官は、手続者にこれを補正するよう指令します（特例§7②）。

　　この場合にも、前述と同様に一般財団法人工業所有権電子情報化センターから送付される払込用紙を用いて同センターに対して、磁気ディスクへの記

録の求めを行います。

　　指令に応じないときは、当該指定特定手続（出願手続の場合はその出願）が却下されますので注意を要します（特例§7③）。

　　磁気ディスクへの記録の求めについての問い合わせ先

　　　一般財団法人工業所有権電子情報化センター

　　　〒102-0076東京都千代田区五番町5－5

　　　電話　03－3237－6511

注1　電子化料金については、特許印紙をもって納付することはできません。また、納付する者が国であっても納付することが必要です。

注2　料金は改定される場合がありますので注意してください。

⑷ 出願中の事件について特許庁に手続をする際の注意

　　出願中の事件について、特許庁に書類（手続補正書、意見書、出願人名義変更届等）を提出する場合は、オンライン手続、書面手続のいずれの方法であっても、これらの書類に出願番号、出願人の氏名（名称）及び住所（居所）を記載する必要があります。

　　これらの記載は、願書あるいは識別番号付与時又は氏名変更等の届出のものと同一であるかどうかを確認したうえで手続を行うようにしてください。願書あるいは識別番号付与時又は氏名変更等の届出のものと相違している場合、その書類に対して、手続の補正が命ぜられます。

　　なお、識別番号を記載した場合には、住所（居所）の記載は省略することができます。

４．特許庁からの書類の受領

　特許庁へ出願等の手続を行うと、特許庁から、筆頭の出願人（代理人）に対して手続上の書類（例えば、拒絶理由通知書や登録査定謄本など）が発送されます。書類の受領方法には以下の２種類があります。

⑴　オンラインによる受領

　①　インターネット出願ソフトを利用している場合には、一部の書類を除き、オンラインで特許庁からの発送書類を受領することができます。具体的には、インターネット出願ソフトの設定で「オンライン発送利用希望」を「あり」とし、ソフトを操作して特許庁へ発送要求を行い、発送書類を電子ファイルで受信します。

　②　オンライン発送の受付時間

　　　特許庁の開庁日（国民の祝日・年末年始（12/29〜１/３）を除く、月〜金曜日）の９：００〜２２：００です。これ以外の日時には受信ができません。

　③　各書類の受取期間（特許庁側の発送準備が整ってから開庁日で10日間）内に発送要求をしなかった場合は、後日書面により郵送されます。オンラインによる受領を希望する場合には、週に一度は発送要求を行った方がよいでしょう。

　　　なお、すでに書面で郵送されたものを再度オンラインで受信することはできません。

　④　発送書類の到達日は、インターネット出願ソフトで受信した日になります。

　⑤　インターネット出願ソフトで受信した発送書類はソフト内のビューア又は紙出力により確認することができます。特許庁は一度受信した書類の再発送は行いませんので、受信した電子ファイルを削除する場合にはご注意ください。

　⑥　インターネット出願ソフトについての詳細は、特許庁の「電子出願ソフトサポートサイト」を参照してください。

⑵　郵送による受領

　　オンライン発送対象外の書類及び受取期間経過後の発送書類は、特許庁より郵送にて発送されます。

5．代理人について

　特許庁に対する手続は、当然のことながら、出願人が自ら行うことができますが、手続の代理を委任することで、代理人により行うこともできます。このような代理人のことを「委任による代理人」といいます。

　また、在外者（日本国内に住所又は居所（法人にあっては営業所）を有しない者）は、原則として、代理人（日本国内に住所又は居所を有するもの）によらなければ手続をすることができません（意§68＝特§8）。この際の代理人は、「意匠管理人」といいます。

　なお、未成年者や成年被後見人の場合には「法定代理人」によらなければ手続をすることができません（意§68＝特§7）。この場合、手続にあたって本人の戸籍謄本（抄本）、住民票及び法定代理人の住民票等の提出が必要となります。

(1) 弁理士制度の活用

　権利が付与されるまでの手続は、単に出願書類の提出に終わるのではなく、審査や場合によっては審判の過程を経なければならず、高度な専門的知識を必要とします。

　わが国には、知的財産に関する専門家である「弁理士」の制度があります。出願以前の早い段階から弁理士に相談をしておくと、スムーズに手続を進めることができます。

　弁理士は、弁理士法で規定された国家資格者で、特許庁における所定の手続の代理を業として行うことができます。弁理士は一般的に「特許事務所（特許法律事務所）」に所属しており、弁理士ごとに得意とする分野などが異なります。

　日本弁理士会ホームページの「弁理士ナビ」などを利用して、ご自身のニーズに合った弁理士をお探しになるとよいでしょう。なお、弁理士へ依頼すると手数料等の費用が発生します。事前に確認しておくことが大切です。

　また、各都道府県ごとに設置されている知財総合支援窓口では無料相談を受けることができます。お問合せは、巻末に記載の知財総合支援窓口へご連絡く

ださい。

　なお、弁理士が「弁理士法人」と呼ばれる法人を組織している場合があります。弁理士法人も、弁理士と同様に、出願等の所定の手続の代理を業として行うことができます。手続の代理は、個々の弁理士が行うのではなく、弁理士法人自体が法人代理として行います。

(2)　手続の委任

　弁理士等に特許庁における手続の代理を委任し、その代理人が特許庁に対し出願等の手続を行うと、以後、特許庁は筆頭の代理人に対して通知等を発送します。

　なお、委任による代理人が出願の変更、放棄、取下げといった出願人の不利益になりうる行為（意§68＝特§9）や、その他所定の手続（意施規§19＝特施規§4の3）を行う場合には、その代理人が、出願人から特別の授権や代理権を得ていることを特許庁に対して証明する必要があります。この証明は、出願ごとに代理権を証明する書面（委任状）を提出すること又は包括委任状を援用することで行います。

　「代理権を証明する書面」については、143頁を参照してください。

　「包括委任状制度」については、233頁を参照してください。

　いずれの場合も、手続の委任を行う範囲は、委任状の記載内容により定めることができます。

第2章

意匠登録出願手続

1. 意匠登録出願の手続と書類の作成要領

　意匠登録出願の手続は、願書に意匠登録を受けようとする意匠を記載した図面を添付して提出することにより行います。（意§6）。また、図面に代えて、意匠登録を受けようとする意匠を表した写真、ひな形又は見本を提出することもできます。

　意匠は物品等の形態です（意§2）。したがって、意匠登録を受けようとする者は、願書及び願書に添付した図面等によって、登録を受けようとする意匠の「物品」等と、その物品等に係る「形態（※）」について明らかにすることが必要です。また、意匠登録出願は一意匠ごとにしなければなりません（意§7）。

　※「形態」とは、形状、模様若しくは色彩又はこれらの結合のことをいいます。

　それぞれの出願書類の記載様式は、意匠法施行規則等によって細かく定められており、違反した場合には特許庁から通知を受けることになります。補正という手続により不備を解消できる場合もありますが、記載の不備や漏れの内容によっては出願が却下されたり、拒絶理由に該当する場合もあります。手続の前に細心の注意を払って確認をする必要があります。

　特許庁へ出願書類が到達した日（到達したとみなされた日）は、出願日として取り扱われます。出願日は出願の審査にあたって意匠の新規性や出願の先後等を判断する基準日、あるいは、他の手続（例えば、パリ優先権の証明書の提出など）を行う期間の起算日となりますので、忘れずに管理を行う必要があります。

　さらに出願後、特許庁から出願番号が付与されます。出願番号は以後の手続書類に記載して案件を特定しますので、出願日と同様に管理を行う必要があります。

　18頁でふれたように、本書では「オンライン手続」を中心に説明を行います。書面手続による出願については、64頁〜67頁で簡単にふれますが、記載方法や手続方法がオンライン手続と異なる場合がありますので、十分に注意してください。本書のほか、特許庁ホームページ上に掲載されている「出願の手続」、「意匠登録出願の願書及び図面等の記載の手引き」、「意匠登録出願等の手続のガイドライン」等も有用ですので、ご参照ください。

(1) 願書の作成要領

　　願書とは、特許庁長官に対し意匠登録の請求をする旨の出願人の意思を表示するための書類です。創作者や出願人をはじめとする書誌的事項の特定のほか、登録を受けようとする意匠の「物品」等とその物品等に係る「形態」について明らかにする役割も担っています。願書の記載及び願書に添付した図面等により表された意匠に基づいて意匠登録後の権利範囲も定まります（意§24）。図面等とともに、非常に重要な書類なので、記載には特に注意が必要です。願書は、「意施規様式第2」に従って作成します。

願書の様式

```
【書類名】　　　　　　　意匠登録願
【整理番号】
【提出日】　　　　　　　令和　　年　　月　　日
【あて先】　　　　　　　特許庁長官　　　　　殿
【意匠に係る物品】
【意匠の創作をした者】
　　【住所又は居所】
　　【氏名】
【意匠登録出願人】
　　【識別番号】
　　【住所又は居所】
　　【氏名又は名称】
　　（【代表者】）
　　（【国籍】）
【代理人】
　　【識別番号】
　　【住所又は居所】
　　【弁理士】
```

```
【氏名又は名称】
（【電話番号】）
（【連絡先】            担当）
【手数料の表示】
    【予納台帳番号】
    【納付金額】
【提出物件の目録】
    【物件名】        図面          1
【意匠に係る物品の説明】
【意匠の説明】
```

願書の作成要領は次のとおりです。31頁の記載例も参考にしてください。
① 書き方は左横書き、1行は36字詰めとし、1ページは29行とします。
② 文字について

　　日本工業規格X0208号で定められている文字を用いますが、半角文字並びに「【」、「】」、「▲」及び「▼」は使用できません。

　　ただし、出願書類等の項目名の前後に「【」、「】」を用いる場合、置き換えた文字の前後に「▲」、「▼」を用いる場合を除きます。文字を置き換える場合には、氏名等の表記で漢字の異字体を用いたいとき等が該当します。

　　　（例）　髙﨑　→▲高▼▲崎▼
③ 「【整理番号】」の欄について

　　「【整理番号】」の欄には、ローマ字（大文字に限ります。）、アラビア数字若しくは「－」又はそれらの組合せからなる記号であって、10文字以下のものを記載します。自己の他の出願と区別できるものにしましょう。
④ 「【提出日】」の欄について

　　特許庁に手続を行う日を提出日とし、なるべく記載します。
⑤ 「【あて先】」の欄は、「特許庁長官殿」とします。
⑥ 「【意匠に係る物品】」の欄について

「【意匠に係る物品】」の欄には、登録を受けようとする意匠に係る「物品」等が何であるかを記載します。意匠法第7条では、「意匠登録出願は、経済産業省令（意匠法施行規則）で定めるところにより、意匠ごとにしなければならない。」と規定しており、具体的には、意匠法施行規則第7条に、「意匠ごと」に該当するための基準について次の通り規定しています。

意匠法第七条の規定により意匠登録出願をするときは、意匠登録を受けようとする意匠ごとに、意匠に係る物品若しくは意匠に係る建築物若しくは画像の用途、組物又は内装が明確となるように記載するものとする。

上記の基準に合致する記載の参考となるよう、特許庁ウェブサイトでは「意匠に係る物品等の例」を掲載していますので、これらを参考に記載することができます。また、「意匠分類表（日本意匠分類）」を活用することも有効です。

意匠に係る物品等が明確でない場合は、拒絶理由に該当します（意§17）。例えば、商標や商品名等の固有名詞を記載した場合、二以上の物品等を記載した場合、日本語における一般的な名称として使用されていないものを記載した場合、用途及び機能を何ら認定することができないものなどが、意匠に係る物品等が明確でない場合に該当します。

また、画像の意匠の場合は、この欄には画像の具体的な用途が分かる記載をします。例えば、情報表示用画像、コンテンツ視聴操作用画像、アイコン用画像、等です。

また、建築物の意匠の場合は、この欄には建築物の具体的な用途が分かる記載をします。例えば、住宅、校舎、ホテル、橋梁、商業用建築物、等です。

なお、この欄では漢字、ひらがな、カタカナ以外は使用できません。

⑦ 「【意匠の創作をした者】」の欄について

(a) 住所又は居所について

「【住所又は居所】」は、住民票等の公簿どおり、何県、何郡、何村、大字何、字何、何番地、何号のように詳しく記載します。会社等を居所として表示するときは、末尾に〇〇株式会社内、〇〇研究所内、〇〇工場内の

ように併記します。

(b) 意匠の創作をした者（以下、創作者といいます。）について

イ．創作者は、自然人（個人）でなければなりません。法人等を創作者とすることはできません。

ロ．「【氏名】」は、戸籍に記載されている氏名を記載します。通称名やペンネーム等を記載してはいけません。

ハ．意匠登録出願人が創作者と同一人である場合においても、創作者の住所又は居所及び氏名を記載します。

(c) 創作者が複数名となる場合には、同項目を繰り返し記載します。

⑧ 「【意匠登録出願人】」の欄について

(a) 住所又は居所について

出願人が特許庁から識別番号の通知を受けている場合には「【識別番号】」の欄を設け、その番号を記載します。識別番号を取得していない場合は、「【識別番号】」の欄は設けず、「【住所又は居所】」の欄を設け、住民票、登記簿等の公簿どおり、何県、何郡、何村、大字何、字何、何番地、何号のように詳しく記載します。

「識別番号」については、227頁を参照してください。

(b) 意匠登録出願人について

イ．意匠登録出願人は「意匠登録を受ける権利（43頁参照）」を有する、自然人（個人）又は法人でなければなりません。

注1 法人格のない団体等、例えば「〇〇商店」、「〇〇研究会」は出願人として認められません。また、外国人、在外者、未成年者等の場合は所定の要件を満たす必要があります（27頁参照）。

ロ．意匠登録出願人が自然人（個人）の場合には、「【氏名又は名称】」は戸籍に記載されている氏名を正確に記載します。

ハ．意匠登録出願人が法人の場合には、「【氏名又は名称】」は登記簿に登記されている名称を正確に記載し、「【氏名又は名称】」の次に「【代表者】」の欄を設け、代表者の氏名を記載します。なお、「【代表者】」の欄は代

理人による手続の場合は不要です。

　また、その法人の名称が法人を表す文字を含まないものであるときは、「【氏名又は名称】」の欄（「【代表者】」の欄を設けたときはその欄）の次に「【法人の法的性質】」の欄を設けて、「○○法の規定による法人」、外国法人にあっては「○○国の法律に基づく法人」のように当該法人の法的性質を記載します。

(c)　国籍について

　「【国籍】」は、出願人が外国人の場合に限り記載します。ただし、その国籍が「【住所又は居所】」の欄に記載した国（特例法施行規則第2条第3項の規定によりその記載を省略した場合にあっては、省略した国）と同一であるときは、「【国籍】」の欄を設ける必要はありません。

(d)　電話番号について

　出願人の有する電話番号をなるべく記載します。なお、代理人による手続の場合は不要です。

(e)　出願人が複数の場合について

　イ．「【意匠登録出願人】」の欄に記載すべき者が2人以上いるときは、次のように、その数に応じて欄を繰り返し設けて記載します。

【意匠登録出願人】
　　【識別番号】
　　【住所又は居所】
　　【氏名又は名称】
　（【代表者】）
　（【国籍】）
【意匠登録出願人】
　　【識別番号】
　　【住所又は居所】
　　【氏名又は名称】
　（【代表者】）
　（【国籍】）

ロ．共同出願人の間で意匠登録を受ける権利について、特別に持分の定め
　があるときは、願書の「【意匠登録出願人】」の次に「【持分】」の欄を設
　けて「○／○」のように分数で記載することができます。

ハ．オンライン手続を行う出願人が２人以上いるときには、入力実行者以
　外の出願人は、その手続を行った日から３日以内に、意思確認の手続補
　足書を提出する必要があります（140頁参照）。なお、代理人による手続
　の場合は、出願人が上記手続を行う必要はありません。

ニ．共同出願人の間で代表者を定める場合には、代表者として選定される
　出願人を願書の１番目の「【意匠登録出願人】」の欄に記載し、その「【意
　匠登録出願人】」（持分を記載する場合には「【持分】」）の欄の次に「【代
　表出願人】」と記載します。また、手続補足書（138頁参照）にて、代表
　者選定証を提出します。なお、代表者の定めがないときは、所定の手続
　を除き、特許庁に対して、各人が全員を代表することになります（意§68
　＝特§14）。

⑨　「【代理人】」の欄について
　(a)　代理人によらないで出願を行う場合について
　　　代理人によらないで出願を行う場合については、「【代理人】」の欄を設
　　ける必要はありません。
　(b)　住所又は居所について
　　　代理人が特許庁から識別番号の通知を受けている場合には「【識別番号】」
　　の欄を設け、その番号を記載します。識別番号を取得していない場合は、
　　「【識別番号】」の欄は設けず、「【住所又は居所】」の欄を設け、住民票、登
　　記簿等の公簿どおり、何県、何郡、何村、大字何、字何、何番地、何号の
　　ように詳しく住所を記載します。
　(c)　代理人について
　　イ．代理人が自然人（個人）の場合には、「【氏名又は名称】」は、原則と
　　　して戸籍に記載されている氏名を正確に記載します。
　　ロ．代理人が弁理士の場合には、「【識別番号】」又は「【住所又は居所】」

の欄の次に「【弁理士】」と記載します。

ハ．代理人が法人の場合には、「【氏名又は名称】」は登記簿に登記されている名称を正確に記載し、「【氏名又は名称】」の次に「【代表者】」の欄を設け、代表者の氏名を記載します。

(d) 代理人が複数の場合について

イ．「【代理人】」の欄に記載すべき者が2人以上いるときは、その数に応じて欄を繰り返し設けて記載します。

ロ．この際、2人目以降の「【代理人】」の項目名を「【選任した代理人】」とし、選任した代理人の「【識別番号】」、「【住所又は居所】」及び「【氏名又は名称】」を記載することにより、代理人の選任の届出を出願と同時にしたことになります。「代理人」も「選任した代理人」も出願人の代理人という地位に違いはありません。

「【代理人】」の欄に複数の者があるときは、その複数の代理人による手続となるため、オンライン手続の入力実行者以外の代理人は、意思確認の手続補足書を提出する必要があります（140頁参照）。一方で、2人目以降の代理人を「【選任した代理人】」とした場合には、複数の代理人による手続とはならず、上記の手続補足書の提出は不要となります。

ハ．特許庁審査官又は審判官から実体的要件に関する照会等をする担当代理人を明確にするため、「【代理人】」又は「【選任した代理人】」欄の中に「【連絡先】」の欄を設けて、「担当」と記載（代理人が特許業務法人の場合は、担当弁理士が所属する代理人の「【連絡先】」の欄に、「担当は○○○○」のように記載）し、かつ、「【電話番号】」の欄を設けて、電話番号を記載するようにします（※これらの記載は必須ではありません。）。

(e) 代理権を証明する書面の提出について

委任による代理人により手続を行う場合には、特別の授権等を証明する必要がある場合を除き、代理権を証明する書面（委任状）の提出を省略することができます。

出願人が未成年者又は成年被後見人であり、法定代理人により手続を

第2章

行う場合には、代理権を証明する書面として、本人の戸籍謄本（抄本）、住民票及び法定代理人の住民票又は後見登記に関する登記事項証明書等の提出が必要となります。

オンライン手続の場合、代理権を証明する書面の提出は手続補足書（138頁参照）により行います。

⑩ 「【手数料の表示】」の欄について

出願手数料は特許印紙又は現金により納付します。手数料等の納付方法は６通りあり、オンライン手続の場合、特許印紙貼付による納付はできません。

「手数料等の納付に関する手続」については、238頁を参照してください。

意匠登録出願の手数料は１件につき、16,000円です。手数料は改定される場合がありますので、注意してください。

納付方法ごとの「【手数料の表示】」の欄の記載は以下のとおりです。

(a) 予納による納付の場合

「【予納台帳番号】」には予納台帳番号を記載し、「【納付金額】」には予納した見込額から納付に充てる手数料の額を「円」、「,」等を付さず、アラビア数字のみで記載します。

＜記載例＞

【手数料の表示】

【予納台帳番号】　　　○○○○○○

【納付金額】　　　　　00000

(b) 納付書による現金納付の場合

「【予納台帳番号】」を「【納付書番号】」とし、納付書番号を記載します。「【納付金額】」の欄を設ける必要はありません。また、オンライン手続を行った日から３日以内に「納付済証（特許庁提出用）」を手続補足書に添付の上、提出します。

＜記載例＞

【手数料の表示】

【納付書番号】　　　　　○○○○○○○○○○○

(c)　電子現金納付の場合

「【予納台帳番号】」を「【納付番号】」とし、納付番号を記載します。「【納付金額】」の欄を設ける必要はありません。

　　＜記載例＞

【手数料の表示】

【納付番号】　　　　　○○○○－○○○○－○○○○－○○○○

(d)　口座振替による納付

「【予納台帳番号】」を「【振替番号】」とし、振替番号を記載し、「【納付金額】」には納付すべき手数料の額を「円」、「,」等を付さず、アラビア数字のみで記載します。

　　＜記載例＞

【手数料の表示】

【振替番号】　　　　　○○○○○○

【納付金額】　　　　　00000

(e)　指定立替納付（クレジットカードによる納付）の場合

「【予納台帳番号】」を「【指定立替納付】」とし、「【納付金額】」には納付すべき手数料の額を「円」、「,」等を付さず、アラビア数字のみで記載します。」

　　＜記載例＞

【手数料の表示】

【指定立替納付】

【納付金額】　　　　　00000

　なお、手数料を納付すべき者が国（他の法令により国とみなされる場合も含む）であるときは、国の納付分については、手数料の納付は必要あり

ません（意§67③、④）。

⑪ 「【提出物件の目録】」について

(a) 「【提出物件の目録】」の欄には、図面等、願書に添付して提出する書類ごとに「【物件名】」の欄を設け、書類の名称を記載し、各名称の右側に、添付する書類の数を記載します。

(b) 出願意匠を図面のみで表す場合は「図面　1」と記載します。

(c) 出願意匠を写真のみで表す場合は「写真　1」と記載します。

(d) 出願意匠を図面と写真の両方で表す場合（必要図を図面で、参考図を写真で表すなど）は、次のように「【物件名】」の欄を繰り返し設けます。

　　＜記載例＞

　　【提出物件の目録】

　　　　【物件名】　　　　図面　　　1
　　　　【物件名】　　　　写真　　　1

(e) 出願意匠を表した見本又はひな形を提出する場合は「見本　1」又は「ひな形　1」と記載し、その次に「【提出物件の特記事項】」の欄を設け「同日に見本（ひな形）を提出します。」と記載します。

　　注1　見本又はひな形自体はオンライン手続により提出することはできません。出願と同日に、「ひな形又は見本補足書」（56頁参照）を用いて、書面手続により提出します。

(f) オンライン手続では委任状や代表者選定証等の物件そのものを願書に添付することはできないため、「【物件名】委任状　1」といった記載はできません。したがって、このような物件を提出する場合には、手続補足書に添付の上、オンライン手続を行った日から3日以内に、書面手続により提出します。

　　「手続の補足」については、138頁を参照してください。

(g) 添付書類の援用

　　委任状等証明書類は、同時に複数の出願等の手続をする場合であって、

提出する証明書等の内容が同一であるときに援用することができます。具体的には１つの出願に証明書を添付しておいて、他の出願には、願書の「【提出物件の目録】」の欄に「【物件名】」の欄を設けて、当該証明書の書類名を記載し、その次に「【援用の表示】」の欄を設けて、援用される当該証明書が提出される手続に係る事件（出願等）の表示を記載することにより、証明書の提出を省略することができます（意施規§19＝特施規§10）。

<　記載例＞

　　【提出物件の目録】

　　　・・・（略）・・・

　　【物件名】　　　　委任状　　　　１

　　【援用の表示】　　意願○○○○－○○○○○○

注１　援用元となる出願の出願番号が通知されていない場合は、「令和
　　　○○年○○月○○日提出の意匠登録願、整理番号○○○○」のよう
　　　に出願の日付と整理番号を記載します。

(h)　包括委任状を援用するときは、「【提出物件の目録】」の欄に「【包括委任状番号】」の欄を設けて、包括委任状の番号を記載します。また、２以上の包括委任状を援用するときは、「【提出物件の目録】」の欄に次のように欄を繰り返して記載します。

　　「包括委任状制度」については、233頁を参照してください。

<　記載例＞

　　　【提出物件の目録】

　　　　・・・（略）・・・

　　　【包括委任状番号】　　○○○○○○○

　　　【包括委任状番号】　　○○○○○○○

⑫　「【意匠に係る物品の説明】」の欄について

(a)　「【意匠に係る物品】」の記載だけでは、登録を受けようとする意匠に係る「物品」等が十分に理解できない場合には、その物品等の使用の目的、

使用の状態など、物品等の理解を助けることができるような説明を記載します。新規な物品等や多機能物品などが該当します。

(b) 説明は簡潔にわかりやすく記載します。この欄に記載することができるのは文字のみです。図、表等を記載することはできません。また、登録商標を説明に用いることも認められていません。

(c) 説明が不十分である場合など、意匠に係る物品等が不明であると認められた場合には、拒絶理由に該当します（意§17）。

⑬ 「【意匠の説明】」の欄について

(a) 登録を受けようとする意匠を認識する上で、その物品の材質又は大きさの理解が必要な場合には、物品等の材質又は大きさについて記載します（意§6③）。

(b) 登録を受けようとする意匠に係る物品等の「形態」の特定に関して、場合に応じて、以下の事項を記載する必要があります。

イ．形態が物品等の有する機能によって変化するとき、その変化の前後にわたる形態について意匠登録を受けようとする場合には、その旨及びその物品等の当該機能の説明（意§6④）。

ロ．白色又は黒色のいずれか一色の彩色を省略して図を記載した場合には、その旨（意§6⑤、⑥）。

ハ．形態の全部又は一部が透明である場合には、その旨（意§6⑦）。

ニ．図形中に立体表面の形態を特定するための線、点その他のもの（陰）を記載した場合には、その旨及びどれが形態を特定するためのものかについて。

ホ．他の図と同一又は対称である場合のように、一部の図面を省略する場合は、その旨（「背面図は正面図と同一である」等）。

ヘ．図を等角投影図法や斜投影図法とする場合には、その作図法の別、キャビネット図又はカバリエ図の別及び傾角。

ト．部分意匠の意匠登録出願（70頁参照）の場合には、意匠登録を受けようとする部分の特定方法。

チ．形態が連続する意匠の連続状態を省略した図とした場合には、その旨。

リ．図の一部を省略した場合には、その旨及び省略箇所の図面上の寸法。

(c)　この欄に記載することができるのは、文字のみです。図、表等を記載することはできません。

(d)　図面等と説明が整合しない場合や、意匠に係る物品等の「形態」が1つの形態に特定したものとならないと認められた場合には、拒絶理由に該当します（意§17）。

意匠登録を受ける権利とは

　意匠登録を受けることができるのは、「意匠登録を受ける権利を有する者」です（意§3）。したがって、意匠登録出願人は、意匠登録を受ける権利を有していなければなりません。これに違反する場合は、「冒認」として、拒絶理由（意§17）や無効理由（意§48）に該当します。

　意匠登録を受ける権利とは、国家に対して意匠権の付与を請求することのできる権利で、意匠の創作をした本人が原始的に取得します。共同での意匠の創作の場合には、共同創作者全員の共有となります。主な留意点は次のとおりです。

- 意匠登録を受ける権利は、移転することができます（意§15②＝特§33①）。
- 意匠登録を受ける権利が共有に係るときは、他の共有者の同意を得なければ、その持分を譲渡することができません（意§15②＝特§33③）。
- 意匠登録を受ける権利が共有に係るときは、各共有者は、他の共有者と共同でなければ、意匠登録出願をすることができません（意§15①＝特§38）。
- 意匠登録出願人がその意匠について意匠登録を受ける権利を有していないときは、その出願は拒絶されます（意§17）。

(2) 図面の作成要領

　図面は、登録を受けようとする意匠の物品等に係る「形態」について明らかにするための書面です。意匠権の客体を定めるものでもあるため、第三者がその形態を正しく理解できるように、出願にあたっての作図方法等が詳細に定められています。

　なお、写真により意匠が明瞭に表される場合には、図面に代えて写真を提出することができます（意§6②）。また、所定の場合には図面に代えてひな形又は見本を提出することもできます。これらについては54頁、56頁をそれぞれ参照してください。図面は、「意施規様式第6」に従って作成します。

図面の様式

```
【書類名】　　　　　図面
　　【正面図】
　　　　　（イメージデータを組み込みます。）
　　【背面図】
　　　　　（イメージデータを組み込みます。）
・・・・・・（略）・・・・・・
```

　図面の作成要領は次のとおりです。60頁の記載例も参考にしてください。

① 書類名及び図の表示の文字について（図面中、意匠に含まれる文字は除きます。）

　書類名及び図の表示の文字は、日本工業規格Ｘ0208号で定められている文字を用いますが、半角文字並びに「【」、「】」、「▲」及び「▼」は使用できません。ただし、欄名及び図の表示の前後に 「【」、「】」を用いる場合を除きます。

② 図の表示について

　図の表示は、その種類に応じて各図の上部に「【正面図】」、「【背面図】」、「【左

側面図】」、「【右側面図】」、「【平面図】」、「【底面図】」、「【表面図】」、「【裏面図】」、「【展開図】」、「【○○断面図】」、「【○○切断端面図】」、「【○○拡大図】」、「【斜視図】」、「【正面、平面及び右側面を表す図】」、「【画像図】」のように表示します。これらの図が参考図である場合は、「【使用状態を表す参考斜視図】」のように、その旨も表示します。

　なお、これらの場合において、複数の図の表示が同一（重複）とならないようにします。

③　作図上の基本的な留意点
　(a)　線の太さについて
　　　線の太さは、原則として、実線及び破線にあっては約0.4 mm（切断面を表す平行斜線にあっては約0.2 mm）、鎖線にあっては約0.2 mmです。電子化したときに線が不鮮明にならないように注意してください。
　(b)　図の大きさについて
　　　図は、横150mm、縦113mmを超えて記載することはできません。
　(c)　１つの図を複数ページにわたって記載することはできません。また、図を横にならべて複数記載することもできません。
　　　※本書の図示においては便宜上、図を横に並べている場合があります。
　　　　実際に作図をされる場合にはご注意ください。
　(d)　図形（参考図の図形を除く）の中には、中心線、基線、水平線、影を表すための細線又は濃淡、内容を説明するための指示線、符号又は文字その他意匠を構成しない線、符号又は文字を記入することはできません。
　　　ただし、登録を受けようとする意匠に係る形状を特定するための線、点その他のものは記載することができます。この場合には、その旨及びいずれの記載によりその形状が特定されるのかを願書の「【意匠の説明】」の欄に記載する必要があります。
　(e)　通常の使用において、正面性や天地等の方向性が定まっている物品の作図については、その方向性に従った図を描くことが望ましいとされています。

(f) 一部の図を写真に代えることもできます。ただし、モノクロ写真でも各部の濃淡等が表れるため、形状のみを表した図とは整合せずに意匠が特定しない恐れがあります。写真と図との整合性に注意をする必要があります。なお、1つの図を、線図と写真との合成で作図することはできません。

④ 立体を表す図面について

(a) 意匠が立体状の形態の場合には、「正投影図法」により表すことが基本になります。意匠登録を受けようとする意匠を明確に表すために十分な数の図を記載する必要があり、6面図（正面図、背面図、左側面図、右側面図、平面図及び底面図）を提出することが多いです。

6面図の例

【平面図】

【左側面図】 【正面図】 【右側面図】 【背面図】

【底面図】

※実際の手続にあたり、図を横に並べて
複数記載することはできません。

(b)　意匠が立体状の形態の場合、上記の6面図に代えて「等角投影図法」、「斜投影図法」によって表した図とすることができます。

⑤　平面的なものを表す図面について

(a)　意匠が平面的な形態の場合には、各図同一縮尺で作成した「表面図」及び「裏面図」を提出とすることが基本となります。

※表面図と裏面図が同一若しくは対称の場合又は裏面が無模様の場合には裏面図を省略することもできます。この場合、その旨を願書の「【意匠の説明】」の欄に記載します。

(b)　この平面的な形態に該当するのは、「一枚構造」であって厚みが極めて薄いものに限られます。例えば、壁紙や織物地などがこれにあたります。封筒のような一枚構造でないものは、立体物として表します。

⑥　必要な図、参考図の追加について

6面図等の基本的な図面だけでは、その意匠を十分表現することができないときは、「展開図」、「断面図」、「切断端面図」、「拡大図」、「部分拡大図」、「斜視図」などの「必要な図」を加えます。また、意匠の理解を助けるために必要があるときは「使用の状態を示した参考図」などの「参考図」を加えます。以下、いくつかの図について説明します。

(a)　「展開図」

曲面に描かれた模様は、6面図等で十分に表現することが難しい場合があります。その曲面が円筒形や円錐形のような展開可能なものであれば、「模様の展開図」を用いて模様を表現することが有効です。

(b)　「断面図」、「切断端面図」

「6面図」だけでは十分に表現できない凹凸や貫通穴を表す場合には、「断面図」や「切断端面図」が適しています。なお、内部機構そのものを表す必要がない場合には、その記載を概略にとどめたり、省略したりすることができます。

断面図又は切断端面図の切断面には平行斜線を引き、その切断個所を他の図に鎖線で示します。この鎖線は図形の中に記入してはなりません。そ

の鎖線の両端には符号を付け、かつ、矢印で切断面を描いた方向を示します。

断面図の例

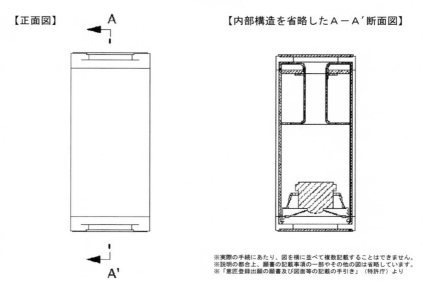

【正面図】　　　A

【内部構造を省略したＡ－Ａ′断面図】

A'

※実際の手続にあたり、図を横に並べて複数記載することはできません。
※説明の都合上、願書の記載事項の一部やその他の図は省略しています。
※「意匠登録出願の願書及び図面等の記載の手引き」（特許庁）より

(c) 「拡大図」、「部分拡大図」

　　６面図等の縮尺では図形が小さすぎて形態を明確に表すことができない
場合には、拡大が必要な図の全体や図の部分を、「拡大図」や「部分拡大図」
を用いて表すことができます。

　　部分拡大図を描くときは、その拡大個所を当該部分拡大図のもとの図に
鎖線で示します。この鎖線は、図形の中に記入してはなりません。その鎖
線の両端には符号を付け、かつ、矢印で部分拡大図を描いた方向を示しま
す。

(d) 「斜視図」

　　物品の表面の凹凸などを表すためには、「斜視図」も有用です。「斜視図」
は、文字通り、物品を斜め方向から描いた図であり、情報量が多いため、
一見するだけで物品のおおよその外観形状を把握できる点で優れていま

す。斜視図は、6面図によって表される形態と整合性をとります。

斜視図の例

【斜視図】

【斜視図】

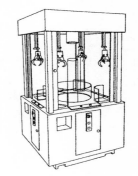

※「意匠登録出願の願書及び図面等の記載の手引き」（特許庁）より

(e)　「ふた」と「本体」、「さら」と「わん」のように分離することができる物品であって、その組み合わされたままではその意匠を十分表現することができないものについては、組み合わされた状態における図のほかに、その物品のそれぞれの構成部分について6面図等を加えます。

(f)　積み木のようにその構成各片の図面だけでは使用の状態を十分表現することができないものについては、その出来上がり又は収納の状態を表す斜視図を加えます。また、組木のように組んだり分解したりするもので組んだ状態の図面だけでは分解した状態を十分表現することができないものについては、その構成各片の斜視図を加えます。

(g)　動くもの、開くもの等の意匠であって、その動き、開き等の意匠の変化の前後の状態の図面を描かなければその意匠を十分表現することができないものについては、その動き、開き等の意匠の変化の前後の状態が分かるような図を提出します。

(h)　物品の全部または一部が透明であるときは、その旨を願書の「【意匠の説明】」の欄に記載するとともに、次のような「【透明部分を示す参考図】」

などで、透明部分に平行斜線を施した図を提出します。

透明部を示す参考図の例

【透明部を示した参考図】

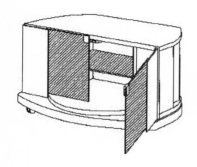

※例えば、左図の場合、願書の「【意匠の説明】」の欄には、
「透明部を示した参考図において斜線を施した部分は透明で
ある。」のように記載します。

※説明の都合上、願書の記載事項の一部やその他の図は省略しています。

※「意匠登録出願の願書及び図面等の記載の手引き」（特許庁）より

⑦　その他の図面の表現方法について

(a)　色彩を施した図

　　色彩についても保護を受けたい場合には、色彩を施した図面を用います。

(b)　立体表面の形状を特定する「陰」

　　物品の形態が複雑な曲面からなる意匠などでは、立体表面の形状を特定
するための陰や点などを記載した図（陰影図）を用いることで、曲面形状
を明確にすることができます。意匠によっては、陰影図を提出することで、
断面図や端面図等を多数提出することなく形状を明確にすることできま
す。この場合、願書の「【意匠の説明】」の欄に、陰影図中に陰をどのよう
に示しているか（例えば、点線による旨など）を記載します。

陰影図の例

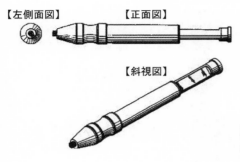

【左側面図】　　　　【正面図】

【斜視図】

※例えば、左図の場合、願書の「【意匠の説明】」の欄には、「正面図の略半分部分に表された略水平平行状細線、左側面図の略右半部分に表された放射状細線及び外周部付近に表された円弧状細線は、いずれも立体表面の形状を特定するためのものである。」のように記載します。

※実際の手続にあたり、図を横に並べて複数図記載することはできません。
※説明の都合上、願書の記載事項の一部やその他の図は省略しています。

※「意匠登録出願の願書及び図面等の記載の手引き」（特許庁）より

第2章

(c)　棒材、線材、板材、管材等であって形状が連続するもの又は地ものであって模様が繰り返し連続するものを表す図面は、その連続し、又は繰り返し連続する状態が明らかにわかる部分だけについて作成することができます。地ものであって模様が一方向にのみ繰り返し連続するものについては、その旨を願書の「意匠の説明」の欄に記載します。

(d)　ラジオ受信機のコードの中間部分のように物品の一部分の図示を省略しても意匠が明らかに分かる場合であって、作図上やむを得ないときは、その部分の記載を省略することができます。この場合、その省略個所は、2本の平行な1点鎖線で切断したように示し、かつ、その旨及びその省略個所の図面上の寸法を願書の「意匠の説明」の欄に記載します。

(e)　コンピュータ・グラフィックスを使用した図

　意匠図面として、線図によるものの他に「コンピュータ・グラフィックス（以下、CG）」で作成した図面を提出することができます。CGで作成された図は形態が写真のように表されたものであっても、人為的に描かれたものであるため「図面」に該当します。したがって、基本的に図面の様式に基づいて作成します。

CG図面による作図の例

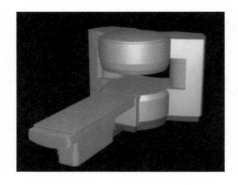

※例えば、左図の場合、願書の「【意匠の説明】」の欄には、「斜視図の表面部前面に表された濃淡は、いずれも立体表面の形状を特定するためのものである。各図の周辺部に表された色彩（黒色）は、形状を明確にするための背景である」のように記載します。

※説明の都合上、願書の記載事項の一部やその他の図は省略しています。

※「意匠登録出願の願書及び図面等の記載の手引き」（特許庁）より

⑧　イメージデータについて

(a)　図面は、HTML文書中にイメージデータとして記述します。イメージデータは、スキャナや作図ソフトを用いてあらかじめ作成し、保存しておきます。

　　線で描いた図にはPNG、GIF又はBMPの各形式を用いることができます。サイズは横2362×縦1779ドット以内で、mm換算は横150mm、縦113mm以内です（画素密度は400dpi）。PNG、GIF又はBMPの各形式の場合、イメージはモノクロ２値にする必要があります。

　　色彩や濃淡のある図にはJPEG形式を用います。サイズは横1181×縦889ドット以内で、mm換算は横150mm、縦113mm以内です（画素密度は200dpi）。イメージはフルカラーイメージにする必要があります。グレースケールイメージは使用することができません。

(b)　イメージデータの組み込みは、HTML文書で作成した図面等の書類中のイメージデータを挿入したい位置に、「イメージタグ」を使用して、保存した各イメージデータを指定することによって行います。

　　「【正面図】」や「【背面図】」といった１つの「【○○図】」に、１つのイメージデータを組み込みます。

(c)　特許庁に送信したイメージデータが原本となりますので、送信をする前に必ず印刷等をして確認してください。図等の大きさや色彩等が意図する

ものと異なる場合には、再度イメージデータを作成し、組み込みをし直し
てください。

(d) イメージデータ作成やHTML文書への組み込み等の詳細については「イ
ンターネット出願ソフト操作マニュアル」等に説明されていますので、ご
参照ください。

(3) **写真の作成要領**

　　写真により意匠が明瞭に表される場合には、図面に代えて写真を提出することができます（意§6②）。意匠登録を受けようとする意匠の現物がすでに完成している場合などには、図面よりも写真を提出する方が効率的な場合もあります。写真は、「意施規様式第7」に従って作成します。

写真の様式

【書類名】　　　　　　　　　写真
　　【正面図】
　　　　　　　　　（イメージデータを組み込みます。）
　　【背面図】
　　　　　　　　　（イメージデータを組み込みます。）
・・・・・・（略）・・・・・・

　　写真の作成要領は次のとおりです。
①　「書類名及び図の表示の文字」、「図の表示」、「作図上の基本的な留意点」の一部、「立体を表す図面」、「平面的なものを表す図面」、「必要な図、参考図の追加」の一部、「その他の図面の表現方法」の一部については、写真の場合も、図面の場合と同様です（44頁～53頁参照）。
②　写真には、登録を受けようとする意匠を現した画像以外に、他のものが入らないようにする必要があります。
③　図面と写真の両方を用いる場合について
　　図面と写真の両方を用いる場合（例えば、必要図は図面で表し、参考図は写真を用いて表すなど）は、以下のように「【書類名】」の欄を繰り返し設けて記載します。また、願書の「【提出物件の目録】」の欄には図面と写真の両方を記載します。

<記載例>

【書類名】　　　　図面

　　【正面図】

　　　　（イメージデータを組み込みます。）

　　【背面図】

　　　　（イメージデータを組み込みます。）

　　・・・（略）・・・

【書類名】　　　　写真

　　【使用状態を表す参考図】

　　　　（イメージデータを組み込みます。）

④　イメージデータについて

(a)　写真は、HTML文書中にイメージデータとして記述します。イメージデータは、スキャナや作図ソフトを用いてあらかじめ作成し、保存しておきます。

　　白黒写真、カラー写真にはJPEG形式を用います。サイズは横1181×縦889ドット以内で、mm換算は横150mm、縦113mm以内（画素密度は200dpi)です。イメージはフルカラーイメージにする必要があります。グレースケールイメージは使用することができません。

(b)　その他、イメージデータの組み込みの方法や、注意点等は、図面の場合と同様です。52頁を参照してください。

写真により意匠を表す場合の例

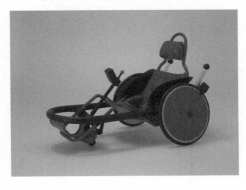

⑷　見本又はひな形の提出について

①　ひな形又は見本が以下に該当する場合には、図面に代えてひな形又は見本を提出することができます（意§6②）。

(a)　こわれにくいもの又は容易に変形し若しくは変質しないもの。

(b)　取扱い又は保存に不便でないもの。

(c)　ひな形又は見本を提出用紙にはり付けた場合において、容易に離脱するおそれのないもの。

(d)　ひな形又は見本を提出用紙にはり付けた場合において、その厚さが7mm以下のもの。

(e)　その大きさが縦26cm、横19cm以下のもの。ただし、薄い布地又は紙地を用いるときは、縦横それぞれ1m以下の大きさのものとすることができます。

　　　見本及びひな形自体は現物であるため、オンライン手続にて提出することができません。願書はオンライン手続により提出し、見本又はひな形は、「ひな形又は見本補足書」に添付して書面手続により、**オンライン手続と同日**に提出します。通常の手続補足書（138頁参照）の提出期間（手続より3日）とは異なりますのでご注意ください。

②　願書の記載

　　見本又はひな形を提出する場合は、願書の提出物件の目録の欄を以下のように記載します。

　　＜記載例＞

　　【提出物件の目録】

　　　　【物件名】　　　　　　　　　見本（ひな形）　　　1

　　　　【提出物件の特記事項】　　　同日に見本（ひな形）を提出します。

③　ひな形又は見本補足書

　　「ひな形又は見本補足書」（特例施規様式第32）は、以下のように作成します。

(a)　「【補足対象書類名】」には「意匠登録願」と記載します。

(b)　「【補足の内容】」には、「ひな形の提出」又は「見本の提出」のように記載します。

(c)　「【物件名】」にも、提出する「ひな形」又は「見本」の別を記載します。

(d)　その他の記載要領は、「手続補足書」（138頁）を参照してください。

ひな形又は見本補足書の記載例

【書類名】　　　　　　　ひな形又は見本補足書
【整理番号】
【提出日】　　　　　　　令和　　年　　月　　日
【あて先】　　　　　　　特許庁長官　　　　殿
【事件の表示】
　　【出願番号】
【補足をする者】
　　【識別番号】
　　【住所又は居所】
　　【氏名又は名称】
【代理人】
　　【識別番号】
　　【住所又は居所】
　　【弁理士】
　　【氏名又は名称】
【補足対象書類名】　　　意匠登録願
【補足の内容】　　　　　見本の提出
【提出物件の目録】
　　【物件名】　　　　　見本　　　　　　1

④　見本又はひな形の作成

　(a)　見本又はひな形は、以下の作成例（意施規様式第8）のように準備し、「ひ
　　な形又は見本補足書」に添付します。見本又はひな形自体は、破れにくい
　　丈夫な袋に収めます。当該袋は、Ａ4の大きさの紙に貼り付けます。袋は
　　なるべく透明なものにする必要があります。

　(b)　複数の見本又はひな形を提出する場合は、各見本又はひな形ごとに袋に
　　入れ、その見本又はひな形に応じた表示を記載した紙に、それぞれの袋を
　　貼り付けます。表示は、他の見本又はひな形と重複しないようにする必要
　　があります。

　(c)　「出願日」、「出願番号」の欄に、日付や番号を記載する必要はありません。

見本の作成例

【書類名】　見本

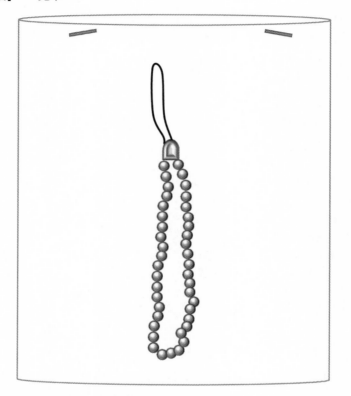

意匠登録出願人の氏名 （名称）	○○株式会社	出願番号	
意匠に係る物品	携帯電話用ストラップ	出願日	

意匠登録出願書類の記載例

【書類名】　　　　　　意匠登録願

【整理番号】　　　　　Ｄ０００００Ｈ２７－１

> 自己の他の出願と区別することができるように付します。

【提出日】　　　　　　令和４年４月１日

【あて先】　　　　　　特許庁長官　　　　殿

【意匠に係る物品】　　プリンター

> 登録を受けようとする意匠に係る「物品」が何であるかを記載します。

【意匠の創作をした者】

　　【住所又は居所】　　東京都千代田区丸の内〇丁目〇番〇号　意匠株式会社内

　　【氏名】　　　　　　創作　太郎

> ２行目は行頭から記載します。氏名も同様とします。

> １文字空けて記載します。

【意匠の創作をした者】

　　【住所又は居所】　　東京都千代田区丸の内〇丁目〇番〇号　意匠株式会社内

　　【氏名】　　　　　　創作　花子

【意匠登録出願人】

　　【識別番号】　　　　123456789

> 識別番号を記載したときは、「【住所又は居所】」の欄を設ける必要はありません。

　　【住所又は居所】　　東京都千代田区丸の内〇丁目〇番〇号

　　【氏名又は名称】　　意匠株式会社

【代理人】

　　【識別番号】　　　　100195866

　　【住所又は居所】　　東京都千代田区丸の内二丁目１番１号

　　【弁理士】

　　【氏名又は名称】　　野村　信三郎

> この欄は、予納した見込額からの納付の申出をする場合に限り設けます。

【手数料の表示】

　　【予納台帳番号】　　123456

　　【納付金額】　　　　16000

> 写真を提出する場合には、「写真」と記載します。

【提出物件の目録】

　　【物件名】　　　　　図面　　　　　　　　　　　１

【意匠に係る物品の説明】・・・・・・

【意匠の説明】

【書類名】図面

【正面図】

【背面図】

【右側面図】

【左側面図】

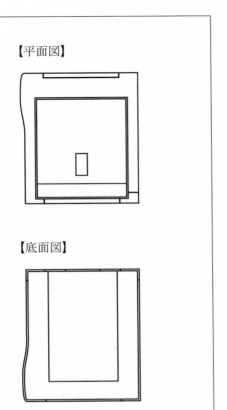

【平面図】

【底面図】

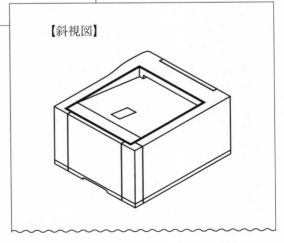

【斜視図】

(5) 複数意匠一括出願手続について

① 同一のデザイン・コンセプトに基づいて開発された複数の物品等について一括して出願することへのニーズの高まりを受けて、令和3年4月1日より、複数の意匠に係る出願を一の願書により行う手続（複数意匠一括出願手続）が可能となりました。

② 複数意匠一括出願手続の願書では、「【書類名】」の欄に「意匠登録願（複数）」と記載します。そして、複数意匠一括出願手続全体の共通項目として、整理番号（複数意匠一出願手続全体を区別できるようにするためのもの）、意匠登録出願人、代理人、秘密意匠、優先権主張、手数料の表示等の情報を記載します。なお、特許庁に納付する手数料は、通常の意匠登録出願と同様に1意匠あたり16,000円です（3意匠を一括出願する場合は、16,000×3＝48,000円となります。）。

③ そして、共通項目のあとに、出願しようとしている意匠ごとの個別項目の情報を記載します。意匠ごとの個別項目の情報には、意匠番号、整理番号（個別の意匠を区別するためのもの）、意匠に係る物品、意匠の創作をした者、意匠に係る物品の説明、意匠の説明、図面などがあります。例えば、3意匠を一括出願する場合には、3意匠分の個別項目の情報を繰り返し記載します。「意匠番号」は、「【意匠1】」、「【意匠2】」、「【意匠3】」・・・のように連続する番号（最大100まで）を記載します。

④ その他、複数意匠一括出願手続や願書の作成方法についての詳細は、特許庁ホームページに掲載されている「出願の手続」や「意匠登録出願等の手続のガイドライン」を参照してください。

複数意匠一括出願手続

```
        【書類名】              意匠登録願（複数）
        【整理番号】
        【提出日】              令和    年    月    日
        【あて先】              特許庁長官          殿
        【意匠登録出願人】
            【識別番号】
            【住所又は居所】
            【氏名又は名称】
          （【代表者】）
          （【国籍】）
        【代理人】
            【識別番号】
            【住所又は居所】
            【弁理士】
            【氏名又は名称】
          （【電話番号】）
          （【連絡先】              担当 ）
        【手数料の表示】
            予納台帳番号】
            【納付金額】
- - - - - - - - - - - - - - - - - - - - - - - - - - -
        【意匠1】
        【整理番号】
        【意匠に係る物品】
        【意匠の創作をした者】
            【住所又は居所】
            【氏名】
        【提出物件の目録】
            【物件名】          図面        1              意匠1の個別情報
        【意匠に係る物品の説明】
        【意匠の説明】
        【正面図】
            イメージ図
        【背面図】
            イメージ図
- - - - - - - - - - - - - - - - - - - - - - - - - - -
        【意匠2】
        【整理番号】
        【意匠に係る物品】
        【意匠の創作をした者】
            【住所又は居所】
            【氏名】
        【提出物件の目録】
            【物件名】          図面        1              意匠2の個別情報
        【意匠に係る物品の説明】
        【意匠の説明】
        【正面図】
            イメージ図
        【背面図】
            イメージ図
. . .
- - - - - - - - - - - - - - - - - - - - - - - - - - -
```

第2章

２．書面手続により意匠登録出願を行う場合

　書面手続による意匠登録出願の場合、オンライン手続による出願の場合とくらべて、手続方法や記載方法において異なる点があります。手続を行う際は十分に注意してください。詳しくは、特許庁ホームページ上に掲載されている「出願の手続」を参照してください。

　ここでは、書面手続による出願の主な留意点について説明します。

① 用紙について

　　用紙は、日本工業規格Ａ列４番（横21cm、縦29.7cm）の大きさとし、インキがにじまず、文字が透き通らないものを縦長にして使用します。用紙には不要な文字、記号、枠線、けい線等は記載できません。

② 余白について

　　余白は、少なくとも用紙の上に６cm（２ページ目からは２cm）、左右及び下に各々２cmをとり、原則としてその左右については各々2.3cmを超えないものとします。

③ 書き方について

　　書き方は左横書き、１行は36字詰めとし、各行の間隔は少なくとも４mm以上をとり、１ページは29行以内とします。

④ 文字について

　　文字は、10ポイントから12ポイントまで（号数制のものにあっては５号）の大きさで、タイプライター、ワードプロセッサ等により、黒色で、明瞭にかつ容易に消すことができないように書きます。

　　また、半角文字並びに「【」、「】」、「▲」及び「▼」は使用できません（欄名の前後に「【」及び「】」を、又は置き換えた文字の前後に「▲」、「▼」を用いるときを除きます。）。

⑤ ページ数の記入について

　　願書等出願書類が複数枚にわたるときは、各ページの上の余白部分の右端

にページ数を記入します。

⑥ 訂正について

　各用紙においては、原則として、抹消、訂正、重ね書き及び行間挿入を行ってはいけません。

⑦ 押印又は識別ラベルの貼付について

　従来、書面手続による出願では、押印又は識別ラベルの貼付が必要でしたが、令和2年12月28日に公布・施行された「押印を求める手続の見直し等のための経済産業省関係省令の一部を改正する省令」により、不要となりました（181頁参照）。

⑧ 手数料の納付について

　特許印紙を貼り付けることにより出願手数料を納付する場合には、特許印紙を願書の1ページ目の左上の余白部分にはり、その下にその額を括弧して記載します。特許印紙には割印をしてはいけません。また、この場合においては「【手数料の表示】」の欄を設ける必要はありません。「特許印紙貼付による納付」については、238頁を参照してください。

　また、特許庁窓口にて、指定立替納付（クレジットカードによる納付）を行う場合、事前に特許庁指定の条件を満たしたクレジットカードを用意し、識別番号を取得しておく必要があります。詳しくは、特許庁ホームページ上の「特許庁窓口におけるクレジットカード納付」を参照してください。

　なお、書面手続では、口座振替による現金納付（247頁参照）を行うことはできません。

⑨ 図面等の記載について

　(a) 用紙は、日本工業規格A列4番（横21cm、縦29.7cm）の大きさのトレーシングペーパー、トレーシングクロス（黄色又は薄い赤色のものを除きます。）、白色画用紙、白色上質紙又は印画紙を縦長にして用います。

　(b) 余白は、少なくとも用紙の上に2cmとります。

　(c) 図面は、濃墨、黒色インキ又は容易に変色若しくは退色しない絵の具で鮮明に描くか、あるいは複写等により鮮明で容易に消すことができないように作成するものとし、鉛筆、インキ（黒色のものを除きます。）、クレヨ

ンを使用したもの又は謄写したものであってはなりません。

(d) 図は、横150mm、縦113mmを超えて記載してはいけません。

(e) 写真を提出する場合、写真を折ってはいけません。

⑩ とじ方について

とじ方は左とじとし、容易に分離し、とじ直すことができるようにステイプラー等を用います。

書面手続における意匠登録出願書類のとじ方

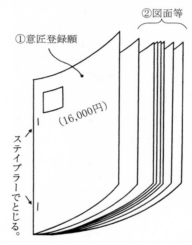

①意匠登録願

②図面等

(16,000円)

ステイプラーでとじる。

注1　委任状などを出願と同時に差し出すときは、願書にとじ込まずに、出願書類の後ろにクリップで留めます。

⑪ その他

(a) 書面で提出された図面等は、電子化され特許庁のファイルに記録されます。このファイルに記録されたものが原本として扱われます。審査、登録公報への掲載及び閲覧等もこの電子原本をもとに行われます。提出する図面等は電子化を前提として意匠が明確にあらわされるように作成する必要があります。

(b) 出願書類等は、提出書類と控えを同時に作成し、特許庁に提出したものと

同じものを手元に保存しておくことが必要です。

(c)　磁気ディスクへの記録の求め

　　意匠登録出願は指定特定手続にあたります。書面手続にて出願を行った場合は、当該手続をした日から30日以内に、一般財団法人工業所有権電子情報化センターに対し「磁気ディスクへの記録の求め」を行い、電子化料金を納付しなければなりません。手続を行わないと**意匠登録出願は却下されます**。

　　「磁気ディスクへの記録の求め」については、24頁を参照してください。

第3章

意匠登録出願に関する
各種制度

1. 部分意匠制度

　部分意匠制度とは、物品の部分の形態について意匠登録を認めて保護する制度をいいます（意§2）。創作した物品の部分が独創的で特徴があるとき（例えば、下記の具体例のように「建物用扉の把手」部分に特徴がある場合など）は、部分意匠として意匠登録出願をすることができます。

　※部分意匠に対して、物品全体の意匠のことを「全体意匠」といいます。

部分意匠の具体例

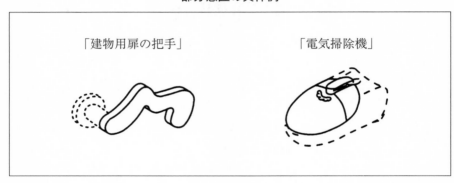

「建物用扉の把手」　　　　　「電気掃除機」

　部分意匠制度が導入される前までは、物品の部分について、独創的で特徴ある創作がされていても、物品全体についてしか意匠登録を受けることができませんでした。このため、当該特徴ある部分を取り入れつつ、意匠全体としては非類似であるような巧妙な模倣には権利が及びませんでした。

　部分意匠制度の導入によって、物品の部分に係る意匠も保護の対象となり、出願人は、より効果的な権利の取得が可能となりました。

(1)　手続的要件

　部分意匠の意匠登録出願の願書の記載や図法は、基本的には全体意匠の場合と同様ですが、以下のように特有の記載方法があります。なお、特許庁ホーム

ページ上に掲載されている「意匠登録出願の願書及び図面等記載の手引き」においても、詳細に説明されています。必要に応じて参照してください。

① 願書の記載について

(a) 「【意匠に係る物品】」の欄には、全体意匠の意匠登録出願をする場合と同様に、物品等が何であるかを記載します。例えば、自転車の意匠の創作において、「意匠登録を受けようとする部分」が当該自転車のハンドル部分であっても、「【意匠に係る物品】」の欄には、「自転車」と記載します。「自転車のハンドル部分」といった記載をしてはいけません。

(b) 「【意匠に係る物品の説明】」の欄には、41頁で説明した事項の他に、図面のみでは「意匠登録を受けようとする部分」の用途及び機能が理解しづらいと思われる場合には、当該部分の用途及び機能の説明も記載します。

(c) 「【意匠の説明】」の欄には、図面等の記載のみでは意匠登録を受けようとする部分を特定できない場合には、図面等において「意匠登録を受けようとする部分」をどのようにして特定したかを記載します。例えば、「実線で表された部分が部分意匠として意匠登録を受けようとする部分である。」のように記載します。

また、見本又はひな形の部分について、「その他の部分」を黒色で塗りつぶした場合には、「黒色で塗った部分以外の部分が、部分意匠として意匠登録を受けようとする部分である」のように記載します。

(d) その他の願書の記載や出願手数料は、通常の意匠登録出願（30頁）等の場合と同様です。

② 図面等の記載について

　部分意匠の意匠登録出願をする場合は、原則として、「意匠登録を受けようとする部分」と「その他の部分」を含む、部分意匠の意匠に係る物品全体の形態について、図面等が必要です。例えば、「自転車のハンドル部分」の意匠について意匠登録出願をする場合であっても、意匠に係る物品である「自転車」全体の形態を図面等に記載します。この場合に「意匠登録を受けようとする部分」の具体的な形態を明確に理解できるように記載する必要があります。

　また、「その他の部分」については、少なくとも、その物品がどのようなものであるかと、その物品全体において「意匠登録を受けようとする部分」が占める位置、大きさ、範囲とが特定できる程度に表さなければなりません。

　ただし、「その他の部分」が一部しか示されていない場合であっても、物品の性質に照らし、「意匠登録を受けようとする部分」の位置、大きさ、範囲を導き出すことができる場合は、物品全体の形態が図面に表されていなくても認められます（例えば、以下のような場合）。

【斜視図】

【意匠に係る物品】ゴルフクラブ
【意匠に係る物品の説明】（記載なし）
【意匠の説明】（記載なし）

※説明の都合上、その他の図は省略した。

（意匠審査基準より引用）

　図法等は、以下の描き方や留意点等を除けば、全体意匠の場合と同様です。
(a)　「意匠登録を受けようとする部分」の特定方法は以下の通りです。

　　イ.「意匠登録を受けようとする部分」を実線で描き、「その他の部分」を破線で描くことにより、部分意匠として意匠登録を受けようとする部分を特定する（74頁の作成例参照）。

ロ.「意匠登録を受けようとする部分」と「その他の部分」を彩色等によって区別することで「意匠登録を受けようとする部分」を特定する。

　なお、必要に応じて、願書の「【意匠の説明】」の欄に、「意匠登録を受けようとする部分」をどのようにして特定したかを記載します（77頁の作成例参照）。

(b)　「【参考図】」のみで「意匠登録を受けようとする部分」を特定することはできません。また、指示線や太線で囲む等により「意匠登録を受けようとする部分」を特定することもできません。

(c)　彩色により「意匠登録を受けようとする部分」を特定する場合は、「その他の部分」を出願に係る意匠に含まれない単一色で彩色します。なお、「意匠登録を受けようとする部分」が彩色されている場合は、当該色彩も含めて「意匠登録を受けようとする部分」になりますので、注意してください。

第3章

部分意匠の図面の作成例

※「意匠登録を受けようとする部分」を実線で描き、「その他の部分」を破線で描く場合

【書類名】図面

【正面図】

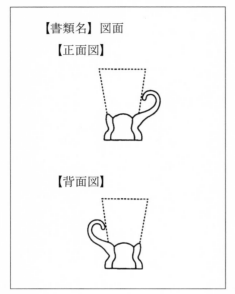

【背面図】

【右側面図】

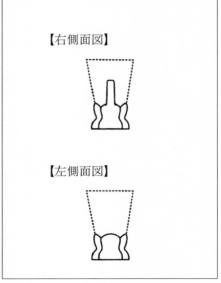

【左側面図】

【平面図】

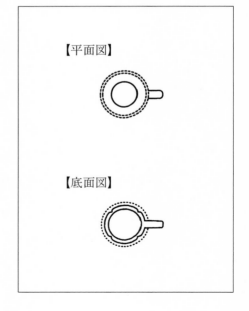

【底面図】

部分意匠の図面の作成例

【平面図】

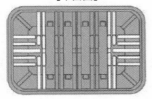

※例えば、左図の場合、願書の「【意匠の
説明】」の欄には、「薄墨を付した部分
以外の部分が、意匠登録を受けようと
する部分である。」のように記載します。

【正面図】

※説明の都合上、願書の記載事項の一部やその他の図は省略しています。

※「意匠登録出願の願書及び図面等の記載の手引き」（特許庁）より

※「薄墨で着色した部分以外の部分」を部分意匠として意匠登録を受けようと
する部分とする場合。

2. 画像を含む意匠

　令和元年の意匠法改正により、意匠法の保護対象に「画像」が加えられ、画像自体が意匠登録の対象となりました。

　また、従来から意匠登録を受けることが可能であった「物品の部分に画像を含む意匠」についても引き続き保護対象となっています。

　そのため、画像を含む意匠について意匠登録を受けるためには、大きく分けて以下の2通りの方法があります。

(1)　画像意匠

　　　物品等から離れた画像自体として保護を受ける方法

(2)　物品等の部分に画像を含む意匠

　　　物品又は建築物の部分に画像を含む意匠として保護を受ける方法

　以下に、それぞれの内容について説明します。

(1)　**画像意匠について**

　①　画像意匠とは

　　　画像意匠とは、その画像を表示する物品等を特定することなく、画像それ自体を保護の客体とする意匠のことをいいます。

　　　意匠法上、画像意匠として認められるためには、次のいずれか一方に該当する必要があります。

　(a)　機器の操作の用に供される画像（操作画像）

　(b)　機器がその機能を発揮した結果として表示される画像（表示画像）

　　　そのため、映画やゲーム等のコンテンツの画像については、上記(a)(b)のいずれにも該当しないため、画像意匠とは認められません。

<表示画像の例>　　　　　　　<操作画像の例>

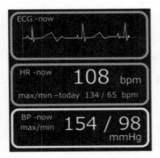　　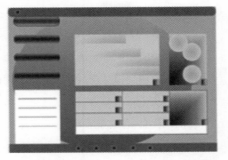

「医療用測定結果表示用画像」　　「商品購入用画像」（ウェブサイトの画像）

（意匠審査基準より引用）

② 画像意匠の出願における留意事項

　　画像意匠の意匠登録出願に際して、留意すべき事項は以下のとおりです。
なお、特許庁ホームページ上に掲載されている「意匠登録出願の願書及び
図面等記載の手引き」においても、詳細に説明されています。

(a) 願書の記載について

　イ．【意匠に係る物品】の欄

　　　【意匠に係る物品】の欄には、画像の具体的な用途が分かるような記
載をします。例えば、「情報表示用画像」、「コンテンツ視聴操作用画像」、
「音量設定用画像」、「スクロールバー用画像」、「アイコン用画像」など
です。

　ロ．【意匠に係る物品の説明】の欄

　　　【意匠に係る物品の説明】の欄には、【意匠に係る物品】の欄の記載の
みでは画像の用途が明確ではない場合等に、画像の理解を助けるために、
画像の用途や使用の目的、使用の状態等を記載します。

　ハ．【意匠の説明】の欄

　　　【意匠の説明】の欄には、物品に係る意匠の場合に記載する必要があ
る事項（42頁参照）と同様に、部分意匠として意匠登録を受けようとす
る部分の特定方法等の他、変化する画像について、その変化の前後にわ

たる画像について意匠登録を受けようとする場合に、その変化についての説明等を行います。

(b)　図面等の記載について

画像を表示するための機器（画像表示部を備えた各種デバイス等）は描かず、意匠登録を受けようとする画像のみを表します。

図の表示は【画像図】としますが、画像が立体的である場合は、【画像正面図】【画像右側面図】等の表示を行い、これらに相当する図面を物品に係る意匠と同じように、作成します。

画像が変化する場合は、【変化した状態を示す画像図】等の表示を行い、変化した各状態の図面を作成します。

＜立体的な画像意匠の例＞

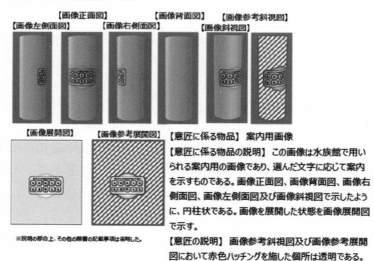

（意匠登録出願の願書及び図面等記載の手引きより引用）

(2)　**物品等の部分に画像を含む意匠について**

①　物品等の部分に画像を含む意匠とは、特定の物品や建築物の画像表示部（例えばディスプレイ）に表れた画像を、その物品や建築物の部分として意匠法

による保護の客体とする意匠のことをいいます。

　意匠法上、物品等の部分に画像を含む意匠として認められるためには、次のいずれか一方に該当する必要があります。

(a)　物品等の表示部に表示された画像が、物品等の機能を発揮するための操作の用に供される画像であるもの（操作画像を含む意匠）

(b)　物品等の表示部に表示される画像が、物品等の機能を果たすために必要な表示を行う画像であるもの（表示画像を含む意匠）

　そのため、ここでも、物品等の表示部に表される映画やゲーム等のコンテンツの画像については、上記(a)(b)のいずれにも該当しないため、物品等の部分に画像を含む意匠とは認められません。

第3章

＜表示画像を含む意匠の具体例＞　　＜操作画像を含む意匠の具体例＞

腕時計本体

携帯情報端末

②　物品等の部分に画像を含む意匠の出願における留意事項

　物品等の部分に画像を含む意匠の意匠登録出願に際して、留意すべき事項は以下のとおりです。

　なお、特許庁ホームページ上に掲載されている「意匠登録出願の願書及び図面等記載の手引き」においても、詳細に説明されています。

(a)　願書の記載について

　イ．【意匠に係る物品】の欄

　　【意匠に係る物品】の欄には、物品名や建築物の用途を記載します。

画像の用途については、この欄には記載しません。例えば、音楽再生のための画像を表示する携帯情報端末の場合は、「携帯情報端末」と記載し、「音楽再生用画像」などという記載は行いません。

ロ．【意匠に係る物品の説明】の欄

　　【意匠に係る物品の説明】の欄には、【意匠に係る物品】の欄の記載のみでは物品や建築物の機能や用途が明確ではない場合等に、意匠の理解を助けるために、物品や建築物の用途や使用の目的、使用の状態等を記載します。また、表示される画像が、どのような機能のための操作画像であるか、あるいはどのような機能を果たすために必要な表示であるかを記載します。

ハ．【意匠の説明】の欄

　　【意匠の説明】の欄には、物品に係る意匠の場合に記載する必要がある事項（42頁参照）と同様に、部分意匠として意匠登録を受けようとする部分の特定方法等の他、変化する画像について、その変化の前後にわたる画像について意匠登録を受けようとする場合に、その変化についての説明等を行います。

(b)　図面等の記載について

　　原則として、画像を表した状態の物品や建築物全体を表します。

　　図の表示は【画像図】ではなく、【正面図】【背面図】等とします。例えば、タッチパネル部（表示部）に画像が表れた複写機の意匠の場合は、複写機全体の図面（【正面図】等の必要な図）を作成します。また、必要に応じて、画像部分については【表示部部分拡大図】などを提出して詳細に開示します。

＜画像を含む複写機の例＞

【正面図】

【表示部部分拡大図】

【意匠に係る物品】複写機
【意匠に係る物品の説明】正面図及び表示部
　　　部分拡大図に表された画像は、複写の
　　　ための各種設定を行うものである。
【意匠の説明】実線で表した部分が意匠等を
　　　受けようとする部分である。

※説明の都合上、願書の記載事項及びその他の図は省略した。

（意匠登録出願の願書及び図面等記載の手引きより引用）

　なお、平成18年改正意匠法で認められていた「意匠登録を受けようとする物品と一体として用いられる物品に表示される画像」（例えば、表示部を有さず、接続したモニターに画像を表示するビデオディスクプレイヤーに係る画像）の保護は、令和元年改正意匠法においては認められなくなりました。そのような画像は、「画像意匠」として出願して下さい。

(3)　画像を含む意匠を構成要素とする組物の意匠、画像を含む意匠を構成要素とする内装の意匠について

　組物の意匠についても、画像を含む意匠を構成要素とすることができます。前述の「画像意匠」「物品等の部分に画像を含む意匠」のいずれも構成要素にすることができます。

　同じく、内装の意匠についても、画像を含む意匠を構成要素とすることができ、「画像意匠」「物品等の部分に画像を含む意匠」のいずれも構成要素にすることができます。

　詳しくは、「意匠登録出願の願書及び図面等記載の手引き」に記載されていますので、参考にしてください。

第3章

—81—

３．建築物の意匠

　令和元年改正意匠法において、意匠法の保護対象に「建築物」が加えられました。

　意匠法上の建築物に該当するための要件は以下の通りです。

① 土地の定着物であること

　　ここでいう土地は、平面、斜面等の地形は問わず、また、海底等の水底を含むものとされています。

　　また、ここでいう定着物とは、継続的に土地に固定して使用されるものをいいます。

　　なお、継続的に土地に固定して使用されるものであっても、通常は動産として取引されるもの（例えば、庭園灯）は、意匠法上の建築物に該当しません。ただし、社会通念上、建築物又は土地に継続的に固定し任意に動かさない、建築物に付随する範囲内の物品や、自然物であっても位置を変更せず建築物に付随するもの（例えば、瓦、タイル、畳、扉、窓、映画館の座席、ウッドデッキ、門柱、固定されたプランター内の植物等）については、建築物の意匠の一部を構成するものとして取り扱われます。

② 人工構造物であること（土木構造物を含む）

　　ここでいう構造物は、建設される物体を指すものであり、建築基準法における用語の意味よりも広く解されます。

　　人工的でないもの（自然の山や岩や樹木等）や、人の手が加えられているものの自然物や地形等を意匠の主たる要素としているもの（ゴルフコース等）は、意匠法上の建築物に該当しません。

＜意匠法上の建築物の例＞

　　商業用建築物、住宅、学校、病院、工場、競技場、橋梁、電波塔

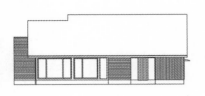

登録第1708061号「住宅」

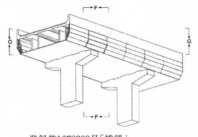

登録第1678309号「橋梁」

(1)　**手続的要件**

　①　願書の記載について

　(a)　建築物の意匠について意匠登録を受けようとするときは、意匠登録願の「【意匠に係る物品】」の欄に、建築物の具体的な用途が明確に分かる記載をします。

　　　複数の棟（構成物）からなる建築物（例えば、学校、商業用建築物）を記載することもできます。

　　　複合的な用途を持つ建築物については、「【意匠に係る物品】」の欄には「複合建築物」と記載し、具体的な用途については「【意匠に係る物品の説明】」の欄に記載します。

　　例：【意匠に係る物品】複合建築物

　　　【意匠に係る物品の説明】この建築物は、低層階を店舗、上層階を宿泊施設として用いるものである。（「意匠登録出願の願書及び図面等記載の手引き」より引用）

　(b)　「【意匠に係る物品】」の欄の記載だけでは、内装の用途を明確にすることができない場合は、「【意匠に係る物品の説明】」の欄に、具体的な用途を記載します。

　(c)　「【意匠の説明】」の欄の記載は、物品の意匠登録出願の場合と同様です。

　②　図面等の記載について

建築物の意匠についての図面等の記載要件は、物品の意匠についての意匠登録出願の場合と基本的には同じです。

ただし、建築物の意匠に特有の留意事項がありますので、以下に説明します。

(a) 建築物の内部について意匠登録を受けようとする場合

　　ホテルの中の一室のように、建築物の「内側」の一部について意匠登録を受けようとする場合は、意匠登録を受けようとする部分の形状等及び用途と機能の認定に支障が無く、かつ、出願人が建築物全体の形状等における、位置、大きさ、範囲がありふれたものであると考える場合には、建築物の外側の開示は不要です。

(b) 複数の構成物からなる建築物

　　複数の構成物からなる建築物について一意匠として意匠登録を受けようとするものである場合には、それらの位置関係が明らかとなる図を少なくとも一図開示します。

(c) 図の表示と図法

　　物品の意匠と同様に、【正面図】、【背面図】等を用いて記載します。建築図面に用いられる【東側立面図】、【屋根伏図】、【○○平断面図】等を記載することも認められています。

　　また、正投影図法、アイソメトリック図法（等角投影図法）、アクソノメトリック図法、キャビネット図法、カバリエ図法の他、透視図法（パース図法）を用いることも認められています。

「意匠登録出願の願書及び図面等記載の手引き」より引用

　詳しくは、特許庁ホームページ上に掲載されている「意匠登録出願の願書及び図面等記載の手引き」においても説明されていますので、参考にしてください。

<建築物の意匠の記載例>

正投影図法で表した図面の記載例

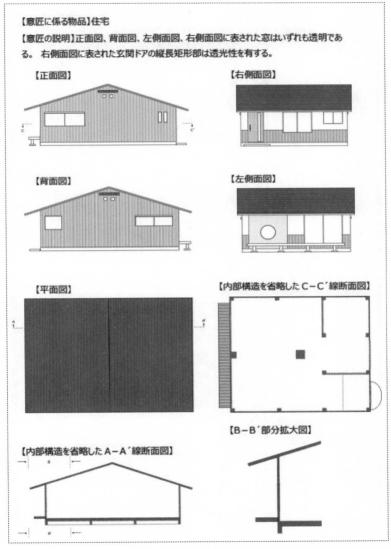

【意匠に係る物品】住宅

【意匠の説明】正面図、背面図、左側面図、右側面図に表された窓はいずれも透明である。右側面図に表された玄関ドアの縦長矩形部は透光性を有する。

【正面図】　【右側面図】

【背面図】　【左側面図】

【平面図】　【内部構造を省略したＣ－Ｃ′線断面図】

【内部構造を省略したＡ－Ａ′線断面図】　【Ｂ－Ｂ′部分拡大図】

（意匠登録出願の願書及び図面等記載の手引きより）

複数の棟を記載した例

【意匠に係る物品】学校
【意匠に係る物品の説明】 本建築物は、参考斜視図に示すとおり、本館、学生会館、研究棟A、研究棟B、守衛所等からなる学校である。
【意匠の説明】 各棟に表された矩形の窓はいずれも透明である。

【斜視図】

【参考斜視図】

（意匠登録出願の願書及び図面等記載の手引きより）

複数の棟を記載した例（つづき）

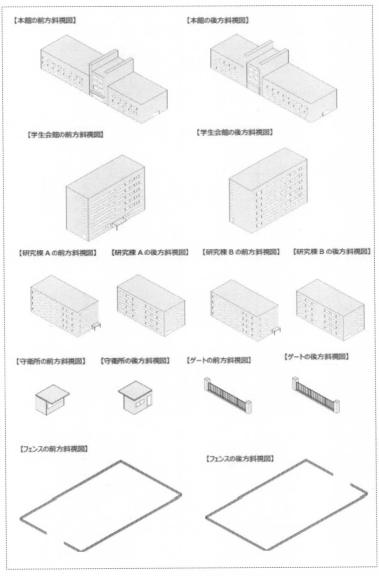

【本館の前方斜視図】　　　　　　　　　　【本館の後方斜視図】

【学生会館の前方斜視図】　　　　　　　　【学生会館の後方斜視図】

【研究棟Ａの前方斜視図】　【研究棟Ａの後方斜視図】　【研究棟Ｂの前方斜視図】　【研究棟Ｂの後方斜視図】

【守衛所の前方斜視図】　【守衛所の後方斜視図】　【ゲートの前方斜視図】　　　【ゲートの後方斜視図】

【フェンスの前方斜視図】　　　　　　　　　　【フェンスの後方斜視図】

（意匠登録出願の願書及び図面等記載の手引きより）

建築物の内部について意匠登録を受ける場合の記載例

【意匠に係る物品】店舗
【意匠に係る物品の説明】この店舗は、服飾用品や雑貨等を扱う路面店である。
【意匠の説明】実線で表された部分が意匠登録を受けようとする部分である。透明
部を示す参考正面図において薄墨を施した部分は透明である。

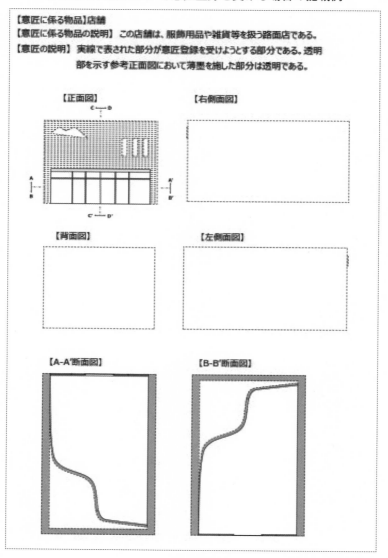

（意匠登録出願の願書及び図面等記載の手引きより）

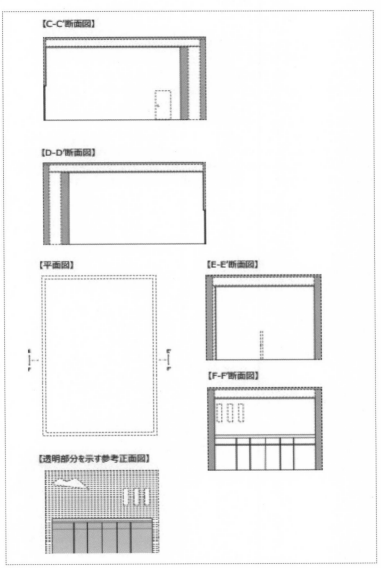

【C-C'断面図】

【D-D'断面図】

【平面図】

【E-E'断面図】

【F-F'断面図】

【透明部分を示す参考正面図】

（意匠登録出願の願書及び図面等記載の手引きより）

建築物の外側を開示しない記載例

【意匠に係る物品】オフィスビル

【意匠に係る物品の説明】　図面に表した意匠はオフィス用ビル内にある管理室であり、ビル内の防犯、空調、照明等の管理を行うためのものである。意匠登録を受けようとする部分に表れる画像は、エレベータの運行状況を管理するための画像であり、エレベータの運行状況の確認をするとともに、停止階の設定をすることができる。また、画像内には駐車場の稼働状況や、主要な個所の防犯カメラの映像が表れる。

【意匠の説明】　実線で描いた部分が意匠登録を受けようとする部分であり、画像部分拡大図で示したのが意匠登録を受けようとする部分に表示された画像を拡大したものである。この意匠登録出願の意匠は建築物内の位置を特定しない部屋の内部であり、正面図、右側面図、左側面図及び背面図では、内部の形状等を表すために向かい合う面の壁を除いた状態であらわしている。また、平面図では、内部の形状等を表すため天井を除いた状態であらわしている。

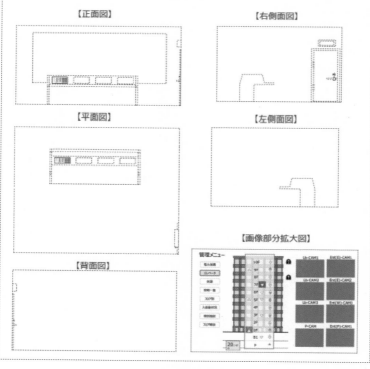

【正面図】　【右側面図】　【平面図】　【左側面図】　【背面図】　【画像部分拡大図】

（意匠登録出願の願書及び図面等記載の手引きより）

4．組物の意匠制度

　組物の意匠制度とは、同時に使用される2以上の物品、建築物又は画像であっ
て経済産業省令（意匠法施行規則別表）で定めるものを構成する物品、建築物又
は画像の意匠が、全体として統一があるときに、これら複数の物品等の集まりを
一意匠と認めて保護する制度をいいます（意§8）。

　例えば、ナイフ、フォーク、スプーンはそれぞれ一物品ですが、柄の部分にそ
れぞれ同じような特徴を持った形状が表れている場合などには、組物全体として
統一があると認められるので、一意匠（一組の飲食用具セット）として意匠登録
出願をすることができます。

　組物の意匠は、意匠法施行規則別表に記載されたもの（95頁）についてのみ登
録が認められます（意施規§8）。

　なお、組物の意匠登録出願においては、組物を構成する個々の物品が登録要件
を欠く場合でも、組物全体として登録要件を満たせば登録されます。

(1)　**手続的要件**
　①　願書の記載について
　　(a)　組物の意匠について意匠登録を受けようとするときは、意匠登録願の
　　　「【意匠に係る物品】」の欄に、意匠法施行規則別表に掲げられた組物の「一
　　　組の○○セット」という記載のいずれかを、そのまま記載します。意匠法
　　　施行規則別表に掲げられているものでない場合には、拒絶理由に該当しま
　　　す。
　　(b)　「【意匠に係る物品】」以外の願書の記載は、出願手数料を含め、通常の
　　　意匠登録出願（30頁）等の場合と同様です。
　②　図面等の記載について
　　(a)　組物を構成する各物品等の個々の形態を表せば、組物の意匠を十分表す
　　　ことができる場合は、組物を構成する各物品等について、それぞれ「一組
　　　の図面」等を記載します（93頁の記載例参照）。

(b) 「組物の意匠」が、組物を構成する各物品等が組み合わされた状態で統一感を有する場合は、組物を構成する各物品等について、それぞれ「一組の図面」等を記載するとともに、全構成物品等が組み合わされた状態の形態について、それが十分表現されるために必要な図等を記載します（93頁の記載例参照）。

③ 図の表示について

(a) 個々の構成物品等を表す図についての図の表示は、図示する構成物品等の名称を付した図名（例えば【飲食用ナイフの正面図】【飲食用ナイフの背面図】等）を用いて表示します。

(b) 構成物品等の名称が同一の場合は、例えば「【いす1の正面図】」「【いす2の正面図】」等、図の表示が重複しないように記載します。

(c) 組み合わせた状態で統一感を有する場合の図の表示は、組み合わせた状態の「一組の図面」等を「【正面図】」、「【背面図】」等と記載します。各構成物品等については「【○○の正面図】」等と記載します。

組物を構成する各物品の個々の形状等のみを表した図面の記載例

【意匠に係る物品】一組の飲食用具セット

【意匠の説明】飲食用ナイフの背面図は飲食用ナイフの正面図と対称に表れる。

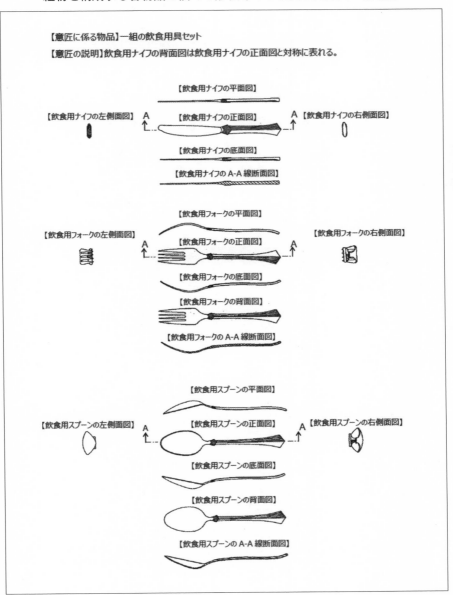

【飲食用ナイフの平面図】

【飲食用ナイフの左側面図】　A　【飲食用ナイフの正面図】　A　【飲食用ナイフの右側面図】

【飲食用ナイフの底面図】

【飲食用ナイフのA-A線断面図】

【飲食用フォークの平面図】

【飲食用フォークの左側面図】　A　【飲食用フォークの正面図】　A　【飲食用フォークの右側面図】

【飲食用フォークの底面図】

【飲食用フォークの背面図】

【飲食用フォークのA-A線断面図】

【飲食用スプーンの平面図】

【飲食用スプーンの左側面図】　A　【飲食用スプーンの正面図】　A　【飲食用スプーンの右側面図】

【飲食用スプーンの底面図】

【飲食用スプーンの背面図】

【飲食用スプーンのA-A線断面図】

第3章

組み合わせた状態の形状等も表す必要がある場合の図面の記載例

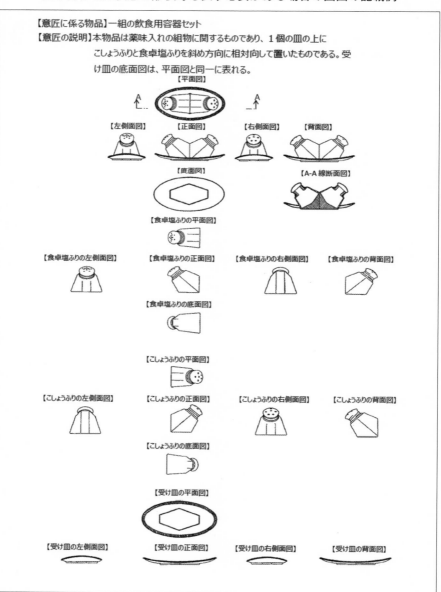

【意匠に係る物品】一組の飲食用容器セット
【意匠の説明】本物品は薬味入れの組物に関するものであり、1個の皿の上に
こしょうふりと食卓塩ふりを斜め方向に相対向して置いたものである。受
け皿の底面図は、平面図と同一に表れる。

【平面図】

【左側面図】　【正面図】　【右側面図】　【背面図】

【底面図】　【A-A線断面図】

【食卓塩ふりの平面図】

【食卓塩ふりの左側面図】　【食卓塩ふりの正面図】　【食卓塩ふりの右側面図】　【食卓塩ふりの背面図】

【食卓塩ふりの底面図】

【こしょうふりの平面図】

【こしょうふりの左側面図】　【こしょうふりの正面図】　【こしょうふりの右側面図】　【こしょうふりの背面図】

【こしょうふりの底面図】

【受け皿の平面図】

【受け皿の左側面図】　【受け皿の正面図】　【受け皿の右側面図】　【受け皿の背面図】

※「意匠登録出願の願書及び図面等の記載の手引き」（特許庁）より

意匠法施行規則別表

一	一組の食品セット	二十三	一組の運動競技用品セット
二	一組の嗜好品セット	二十四	一組の楽器セット
三	一組の衣服セット	二十五	一組の教習具セット
四	一組の身の回り品セット	二十六	一組の事務用品セット
五	一組の美容用具セット	二十七	一組の販売用品セット
六	一組の繊維製品セット	二十八	一組の運搬機器セット
七	一組の室内装飾品セット	二十九	一組の運輸機器セット
八	一組の清掃用具セット	三十	一組の電気・電子機器セット
九	一組の洗濯用具セット	三十一	一組の電子情報処理機器セット
十	一組の保健衛生用品セット	三十二	一組の測定機器セット
十一	一組の飲食用容器セット	三十三	一組の光学機器セット
十二	一組の調理器具セット	三十四	一組の事務用機器セット
十三	一組の飲食用具セット	三十五	一組の販売用機器セット
十四	一組の慶弔用品セット	三十六	一組の保安機器セット
十五	一組の照明機器セット	三十七	一組の医療用機器セット
十六	一組の空調機器セット	三十八	一組の利器、工具セット
十七	一組の厨房設備用品セット	三十九	一組の産業用機械器具セット
十八	一組の衛生設備用品セット	四十	一組の土木建築用品セット
十九	一組の整理用品セット	四十一	一組の基礎製品セット
二十	一組の家具セット	四十二	一組の建築物
二十一	一組のペット用品セット	四十三	一組の画像セット
二十二	一組の遊戯娯楽用品セット		

備考

一　建築物を含む組物の意匠について意匠登録を受けようとするときは、「意匠に係る物品」の欄には「一組の建築物」と記載する。

二　物品及び画像からなる組物の意匠について意匠登録を受けようとするときは、「意匠に係る物品」の欄には当該物品が属する組物の意匠を記載する。

※「意匠登録出願の願書及び図面等の記載の手引き」（特許庁）より

5．内装の意匠

　令和元年改正意匠法においては、新たに、内装の意匠を保護することができるようになりました。店舗、事務所その他の施設の内部の設備及び装飾（以下「内装」という。）を構成する物品、建築物又は画像に係る意匠は、内装全体として統一的な美感を起こさせるときは、一意匠として出願をし、意匠登録を受けることができます（意§8の2）。

　近年、物のデザインのみならず、顧客が新たな体験をする空間として、店舗等のデザイン、とりわけ内装のデザインに特徴的な工夫を凝らしてブランド価値を創出する事例が増えており、こうした内装デザインの保護のニーズの高まりに応えるために新たに導入された制度です。

　内装の意匠に該当するための要件は以下の通りです。

・店舗、事務所その他の施設の内部であること

　①　店舗、事務所その他の施設に該当すること

　②　内部に該当すること

　　　ただし、店舗正面のファサードを含んだ内装など、内部の空間に付随する外部の施設が含まれていてもよいとされています。

・複数の意匠法上の物品、建築物又は画像により構成されるものであること

　①　意匠法上の物品、建築物又は画像により構成されるものであること

　②　複数の物品等から構成されるものであること

　　　施設を構成する建築物（床、壁、天井等）の他に、当該内装の意匠の使用者が視認可能な状態で表れている物品等が1つ以上表れている必要があります。

　　　例えば、以下のようなものは、複数の物品等から構成されるとは認められません。

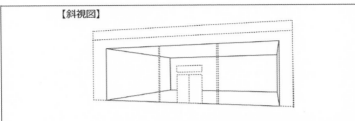

【斜視図】

※説明の都合上、願書の記載事項及びその他の図は省略した。

（説明）この事例では、施設の内部の意匠が一つ表されているのみで、複数の物品等から構成されるものとは認められない。なお、このような場合は、建築物の内部の部分について意匠登録を受けようとする意匠として、意匠登録を受けることができる可能性がある。

（意匠審査基準より）

・内装全体として統一的な美感を起こさせるものであること

(1) 手続的要件

① 願書の記載について

(a) 内装の意匠について意匠登録を受けようとするときは、意匠登録願の「【意匠に係る物品】」の欄に、「〇〇用内装」または「〇〇の内装」と記載します。この記載は、当該内装がどのような施設におけるどのような用途の内装であるのかが明確になるように記載します。例えば、「ホテルの内装」だけでは、一般的にはホテルは様々な用途の空間からなるものですので、用途が明確であるとは言えません。「ホテルのロビーの内装」のように、具体的に記載する必要があります。

なお、複合的な用途を持つ内装については、「【意匠に係る物品】」の欄には主たる内装の用途を記載し、「【意匠に係る物品の説明】」の欄において、各具体的な用途を記載することができます。

(b) 「【意匠に係る物品】」の欄の記載だけでは、内装の用途を明確にすることができない場合は、「【意匠に係る物品の説明】」の欄に、具体的な用途を記載します。

(c) 「【意匠の説明】」の欄の記載は、物品の意匠登録出願の場合と同様です。

＜内装の意匠についての、【意匠の係る物品】の欄の記載例＞

■商業・オフィス空間に関するものの例

　レストランの内装、カフェの内装、オフィスの執務室の内装、食料品店の内装、ドラッグストアの内装、ホームセンターの内装、衣料品店の内装、靴屋の内装、宝飾品店の内装、楽器店の内装、書店の内装、自動車ショールームの内装、理美容室の内装、クリーニング店用内装、旅行代理店の内装、不動産屋の内装、金融機関の内装、映画館の客席用内装、ゲームセンターの内装、ボーリング場の内装、スポーツジムのトレーニングルーム用内装、ホテルの客室の内装、旅館の浴場の内装…など

■住空間に関するものの例

　住宅用リビングの内装、住宅用キッチンの内装、住宅用寝室の内装、住宅用バスルームの内装、住宅用トイレの内装…など

■教育・医療空間に関するものの例

　学校用教室の内装、学習塾用自習室の内装、診療室の内装、手術室の内装、病室の内装…など

■交通関係空間に関するものの例

　空港ターミナルロビーの内装、航空機用客室の内装、地下鉄用プラットフォームの内装、観光列車用内装、バスターミナルロビーの内装、高速バス用内装、客船ターミナルロビーの内装、客船用客室の内装、…など

（意匠審査基準より）

＜一の空間において複合的な用途を持つ内装の場合の記載例＞

【意匠に係る物品】

　オフィスの執務室の内装

【意匠に係る物品の説明】

　この内装はオフィスの執務スペースに加えて、同一空間内にカフェが併設するもので、従業者の休憩や打合せ等に使用される。

（意匠審査基準より）

② 図面等の記載について

　内装の意匠についての図面等の記載要件は、物品の意匠についての意匠登録出願の場合と基本的には同じです。

　ただし、内装の意匠に特有の留意事項がありますので、以下に説明します。

(a) 床、壁、天井のいずれか一つ以上を開示する

　内装の意匠は、施設の内部についての意匠ですので、床、壁、天井のいずれか一つ以上を開示しなければなりません。

(b) 施設の内部の形状等のみが開示されていればよい

　内装の意匠を表す図面等は、施設の内部空間を表すものですので、施設の外観を表す必要はありません。

(c) 意匠の特定に支障がない範囲で、様々な図法による開示を受け入れる

　正投影図のみならず、平面図と複数の斜視図の組合せや、透視図法や、様々な方向から撮影した写真など、意匠を特定するための様々な図法・手法による開示が認められています。

　また、必要に応じて、内装を構成する各物品等についても個別に表します（例えば、内装を構成する棚を、内装全体の図面とは別に単独で表す等）。

　詳しくは、特許庁ホームページ上に掲載されている「意匠登録出願の願書及び図面等記載の手引き」においても説明されていますので、参考にしてください。

＜内装の意匠の記載例＞

手前側の壁や天井を省略して表し、平面図や透視図を使って表している例

【意匠に係る物品】 飲食店の内装

【意匠に係る物品の説明】 この飲食店は、飲食スペースと厨房からなり、その境には一部が開口
した間仕切りが設けられている。

【意匠の説明】 天井を省略して表した平面図、手前側の壁を省略して表した正面図、背面図、
右側面図、左側面図に表された緑色は、全体の空間形状を明確にするための背景である。

【天井を省略して表した平面図】

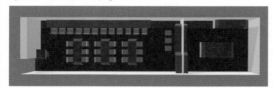

【手前側の壁を省略して表した正面図】

【手前側の壁を省略して表した左側面図】

【手前側の壁を省略して表した背面図】

【手前側の壁を省略して表した右側面図】

【飲食スペース側の斜視図1】　　【飲食スペース側の斜視図2】

【厨房側の斜視図1】　　【厨房側の斜視図2】

（意匠登録出願の願書及び図面等記載の手引きより）

正投影図法とアイソメトリック図を用いて表した例

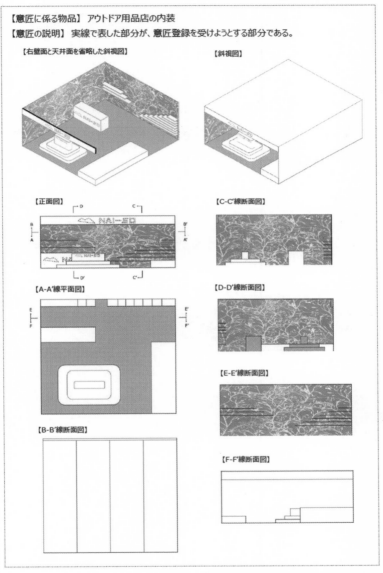

【意匠に係る物品】 アウトドア用品店の内装

【意匠の説明】 実線で表した部分が、意匠登録を受けようとする部分である。

【右壁面と天井面を省略した斜視図】

【斜視図】

【正面図】

【C-C'線断面図】

【A-A'線平面図】

【D-D'線断面図】

【E-E'線断面図】

【B-B'線断面図】

【F-F'線断面図】

（意匠登録出願の願書及び図面等記載の手引きより）

第3章

② 特徴記載書について

　内装の意匠については、特徴記載書の提出が推奨されています。ただし、提出は義務ではありません。

　特徴記載書については、詳しくは145頁を参照してください。

6．関連意匠制度

デザインの開発では、1つのデザインコンセプトから多くのバリエーションの意匠が創作されることがあります。これらのバリエーションの意匠群は、創作的な観点からは、それぞれ同等の価値があるといえます。

関連意匠制度とは、これら創作された複数の類似する意匠について、1つを「本意匠」、その他を「関連意匠」として出願し、登録を受ける制度です（意§10）。

意匠法では、権利の重複を排除する趣旨から、同一の意匠だけでなく、類似する意匠同士についても先願主義（意§9）を適用しており、同じ出願人の場合であっても、先願に類似する意匠は登録されないことが原則です。

関連意匠制度はバリエーションの意匠群の的確な保護のために、先願主義の例外として規定されています（意§10④）。この制度を利用すれば、一定の要件のもと、同じ出願人の場合に限って、互いに類似する意匠について意匠登録を受けることができます。

なお、登録になった関連意匠の意匠権は、1つの権利として本意匠とは独立しています。ただし、存続期間や権利の移転については一定の制限があります。詳しくは209頁を参照してください。

本意匠・関連意匠の例

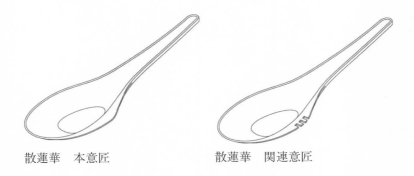

散蓮華　本意匠　　　　　　　散蓮華　関連意匠

(1)　関連意匠として意匠登録を受けることができる意匠

　①　出願にあたっては、バリエーションの意匠群のうち、１つを「本意匠」、その他を「関連意匠」として選択する必要があります。なお、一旦あるデザインについて意匠登録出願を行い、その後新たなバリエーションが創作された場合に、先の出願に係るデザインを本意匠として関連意匠の出願をすることもできます。

　　また、関連意匠に類似する意匠については、当該関連意匠を「本意匠」とする関連意匠として登録を受けることができ、これを連鎖させて段階的な関連意匠の登録を受けることができます。そのような場合、本意匠のうち最初に選択したものを「基礎意匠」と呼びます。

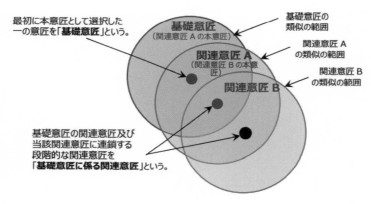

　　　　　　　　　　　　　　　　　　　　　　　　（意匠審査基準より引用）

　②　関連意匠として意匠登録を受けるためには以下の５つの要件をすべて満たす必要があります（意§10①）。

　(a)　本意匠と同一の意匠登録出願人による意匠登録出願であること

　　　関連意匠の意匠登録出願人は、本意匠の意匠登録出願人と同一でなければなりません。なお、本意匠について意匠権の設定登録がされている場合は、本意匠の意匠権者と同一でなければなりません。

　(b)　本意匠に類似する意匠に係る意匠登録出願であること

　　　関連意匠は、本意匠に類似するものでなければなりません。したがって、

出願に係る意匠が本意匠と同一である場合や、本意匠と類似しない場合には、関連意匠として意匠登録を受けることはできません。

(c) 基礎意匠の意匠登録出願の日以後、10年を経過する日前に出願された意匠登録出願であること（意§10①）。

　　関連意匠は、基礎意匠の出願日（優先権主張の効果が認められる場合は優先日）（同日含む）から10年を経過する日の前までに出願しなければなりません。

(d) 本意匠の意匠権が消滅していないこと

　　本意匠が登録料未納等で消滅した場合、その類似する意匠は第三者が自由に実施することができるパブリック・ドメインになったものと考えられるため、そのような関連意匠の登録を認めると第三者を害するため適切ではないため、本意匠の意匠権が消滅していれば関連意匠の登録は受けられないことになっています。

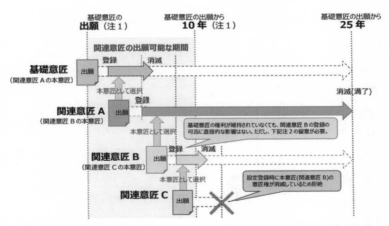

(注1) 関連意匠として意匠登録を受けるための要件や先後願の判断においては、優先権主張の効果が認められる場合は優先日で判断

（意匠審査基準より引用）

(e) 本意匠の意匠権に専用実施権が設定されていないこと（意§10⑥）。

　　専用実施権は、専用意匠権者に対して独占排他的な権利を設定するものであり、例えば意匠権者であってもその専用実施権の範囲では実施等がで

きなくなります。一方、本意匠と関連意匠の意匠権には権利の重複範囲があります。そのため、本意匠に専用実施権が設定されている場合に関連意匠の登録を認めてしまうと、権利の重複部分において、別々の人に独占排他権が成立することになり、適切ではありません。そのため、関連意匠の登録要件として、本意匠の意匠権に専用実施権が設定されていないことが求められています。

③ 新規性及び創作非容易性の規定の適用について

　基礎意匠の出願の後に、自社製品の販売などにより意匠が公知になることがあります。また、基礎出願の出願の前に自社製品を公開し、新規性の喪失の例外の規定（109頁参照）の適用を受けて出願を行うことがあります。

　このような場合であっても、公知となった自己の意匠については、審査官は、当該関連意匠の新規性及び創作非容易性の判断の基礎となる資料から除外して審査を行いますので、公知となった自己の意匠に基づいて新規性等が無いことを理由に拒絶はされません（意§10②⑧）。

(2) **手続的要件**

　「関連意匠」の意匠登録出願にあたっては、以下の留意点があります。なお、「本意匠」の意匠登録出願自体は、通常の意匠登録出願等と同様であり、本意匠である旨の表示など、追加で記載すべきことはありません。

① 願書の作成要領

(a) 関連意匠の意匠登録出願の出願人は、本意匠の意匠登録出願の出願人（設定登録後の場合は、本意匠の意匠権者）と、査定時において同一である必要があります。願書の「【意匠登録出願人】」の欄の記載にあたっては注意が必要です。

(b) 関連意匠の意匠登録を受けようとするときは「【あて先】」の欄の次に「【本意匠の表示】」の欄を設け、以下のように記載します。

　イ．本意匠の出願番号が通知されていないとき

　　「【出願日】」の欄を設け、本意匠の意匠登録出願の提出日を「令和○○年○○月○○日」のように記載します。次に行を改めて「【整理番号】」

の欄を設け、本意匠の意匠登録出願の願書に記載した整理番号を記載します。

    ＜記載例＞

    【本意匠の表示】

    【出願日】　　　令和〇〇年〇〇月〇〇日

    【整理番号】　　〇〇－〇－〇－〇〇

ロ．本意匠の出願番号が通知されているとき

    「【出願番号】」の欄を設け、本意匠の意匠登録出願の番号を「意願〇〇〇〇－〇〇〇〇〇〇」のように記載します。「【出願日】」及び「【整理番号】」の欄を設ける必要はありません。

    ＜記載例＞

    【本意匠の表示】

    【出願番号】　　意願〇〇〇〇－〇〇〇〇〇〇

ハ．本意匠の登録番号を知ったとき

    「【登録番号】」の欄を設け、本意匠の意匠登録の番号を「意匠登録第〇〇〇〇〇〇〇号」のように記載することができます。

    ＜記載例＞

    【本意匠の表示】

    【登録番号】　　意匠登録第〇〇〇〇〇〇〇号

(c)　その他の願書の記載や出願手数料は、通常の意匠登録出願（30頁）等の場合と同様です。

関連意匠の意匠登録願の記載例

【書類名】　　　　　意匠登録願

【整理番号】

【提出日】　　　　　令和　年　月　日

【あて先】　　　　　特許庁長官　殿

【本意匠の表示】

　　【出願日】

　　【整理番号】

【意匠に係る物品】

・・・・・・（略）・・・・・・

注1　「願書の様式」については、31頁を参照してください。

7. 意匠の新規性喪失の例外

わが国の制度では、意匠登録出願前に公開され、新規性を失った意匠は原則として意匠登録を受けることができません。しかし、意匠は販売、展示や見本の頒布等により売れ行きを打診してはじめて一般の需要に適合するか否か判定できる場合が多く、ひとたび販売等を行って新規性を喪失すれば出願しても拒絶されてしまうとすれば、あまりにも社会の実情に沿わない結果になります。

したがって、一定の条件のもとで意匠を公開した後に意匠登録出願をした場合には、その公開によっては意匠の新規性を喪失しなかったものとして所定の取扱いを行うという規定が設けられています。これを「意匠の新規性の喪失の例外(以下、新規性喪失の例外)の規定」といいます(意§4)。

この規定はあくまでも、新規性についての例外規定であって、先願の特例又は出願日の特例ではありません。適用を受けたとしても、第三者が別個に同一又は類似の意匠を創作して、先に意匠登録出願をした場合や、その意匠を公開した場合などには、意匠登録を受けることができないことがあります。可能な限り早く出願することが重要です。

なお、公開した意匠について、外国への出願を予定している場合には、各国の法制度にも留意しておく必要があります。国によっては、例外規定がなかったり、適用要件が異なるなどして、登録を受けられない場合があるためです。

(1) 適用の対象となる公開態様

原則として、「意匠登録を受ける権利を有する者の行為に起因して第3条第1項1号又は2号に該当するに至った意匠」(意§4②)が適用の対象です。「行為に起因」する場合には、刊行物への発表、電気通信回線(インターネット)を通じての発表だけでなく、販売や展示会等も含まれます。

また、公開された意匠と出願に係る意匠が同一でない場合であっても、新規性喪失の例外の規定の適用を受けることができます。例えば、出願に係る意匠と類似する意匠や、部分的に共通点がある意匠を公開した場合などです。

なお、国内外の意匠公報等への掲載は、意匠登録を受ける権利を有する者の行為に起因したものと認められず、新規性喪失の例外の規定の適用を受けることはできません。

(2)　手続的要件

①　出願期限

　意匠登録出願は、意匠の公開日から12月以内に行う必要があります（意§4②）。意匠の公開日はその意匠が公知となった日のうち、最も早い日となります。例えば、展示会で意匠を公開した場合であっても、展示会の開催日よりも前にその意匠を掲載したパンフレットの配布を行っているときは、資料の配布日が意匠の公開日となります。意匠の公開日をしっかりと把握し、出願期限を管理することが重要です。

②　適用を受けようとする旨を記載した書面の提出

(a)　意匠登録出願と同時に、「新規性喪失の例外の規定の適用を受けようとする旨を記載した書面」を提出します（意§4③）。オンライン手続の場合は、当該書面の提出に代えて、意匠登録出願の願書にその旨を記載します（特例施規§12）。

(b)　具体的には、願書の「【整理番号】」の欄の次に「【特記事項】」の欄を設けて「意匠法第4条第2項の規定の適用を受けようとする意匠登録出願」と記載します。以下の記載例も参照してください。

　出願後に上記の記載を追加・変更する補正は原則として認められませんので、ご注意ください。

新規性喪失の例外の規定の適用を受けようとする意匠登録願の記載例

```
【書類名】      意匠登録願
【整理番号】
【特記事項】    意匠法第4条第2項の規定の適用を受けようとする意
              匠登録出願
【提出日】      令和　年　月　日
【あて先】      特許庁長官　殿


・・・・・・（略）・・・・・・
```

注1　「願書の様式」については、31頁を参照してください。

③　証明書の提出

　(a)　出願の日から30日以内に「新規性喪失の例外の規定の適用の要件を満た
　　すことを証明する書面（以下、証明書といいます。）」を提出します（意§4
　　③）。証明書の提出は「新規性の喪失の例外証明書提出書（意施規様式第1）」
　　に添付して書面手続により行います。オンライン手続で提出することはで
　　きません。以下の様式も参照してください。

新規性の喪失の例外証明書提出書の様式

```
【書類名】         新規性の喪失の例外証明書提出書
【提出日】         令和　年　月　日
【あて先】         特許庁長官　殿
【事件の表示】
　　【出願番号】
【提出者】
　　【識別番号】
　　【住所又は居所】
　　【氏名又は名称】
【代理人】
```

```
【識別番号】
【住所又は居所】
【弁理士】
【氏名又は名称】
【提出物件の目録】
  【物件名】      意匠の新規性の喪失の例外の規定の適用を受けるた
              めの証明書　1
```

注1　各項目の記載要領は「願書の様式（31頁）」等を参照してください。

(b)　証明書には決まった様式はありませんが、意匠審査基準等において推奨
　されている書式があります。

「証明する書面」の書式

```
┌──────────────────────────────────────────┐
│      意匠の新規性喪失の例外規定の適用を受けるための証明書      │
│ 1．公開の事実                                 │
│   ① 公開日                                  │
│   ② 公開場所                                 │
│   ③ 公開者                                  │
│   ④ 公開意匠の内容（意匠の写真等を添付する）               │
│                                          │
│ 2．意匠登録を受ける権利の承継等の事実                     │
│   ① 公開意匠の創作者                            │
│   ② 意匠の公開の原因となる行為時の意匠登録を受ける権利を有する者(行為時の権利者)│
│   ③ 意匠登録出願人(願書に記載された者)                   │
│   ④ 公開者                                  │
│   ⑤ 意匠登録を受ける権利の承継について(①の者から②の者を経て③の者に権利が譲渡されたこと)│
│   ⑥ 行為時の権利者と公開者との関係等について               │
│   (②の者の行為に起因して、④の者が公開をしたこと等を記載)         │
│                                          │
│ 上記記載事項が事実に相違ないことを証明します。      令和○年○月○日  │
│                                 出願人○○○ │
└──────────────────────────────────────────┘
```

（意匠審査基準より引用）

　公開が複数の態様、複数回にわたる場合は、原則として、公開ごとに証明
書が必要となります。例えば、展示会に出品することによって公開した後、
自社ウェブサイトにおけるリリースにおいて公開した場合は、それぞれの公

開行為について証明書に記載します。

　ただし、展示会等に出品することで公開された意匠が、当該展示会等を紹介する新聞や雑誌、テレビ等により二次的に公開されたような場合は、当該二次的な公開事実について証明する必要はありません。

④　通常の意匠登録出願以外の出願の場合
　(a)　関連意匠の出願の場合
　　　関連意匠制度（103頁参照）を利用した出願の場合において、本意匠の出願の際に、すでに新規性喪失の例外の規定の適用を受けている場合であっても、原則としては、各関連意匠の出願ごとに新規性喪失の例外の規定の適用を受けるための手続が必要です。

　　　なお、「証明書」については、本意匠の出願において提出されていて内容に変更がないものについては、関連意匠の出願時に以下のようにその旨を願書に表示し、提出を省略することができます。

　　　　　＜記載例＞
　　　【提出物件の目録】
　　　　　【物件名】　　　意匠の新規性の喪失の例外の規定の適用を受ける
　　　　　　　　　　　　　ための証明書　　　1
　　　　　【援用の表示】　意願○○○○－○○○○○○

※意匠登録後のものを援用する場合には、意匠登録番号、書類名及びその提出日を記載します。
※なお、公開された意匠が意匠法第10条第2項又は第8項の規定の適用対象である場合は、関連意匠については新規性喪失の例外の規定の適用を受ける必要がありません。

　(b)　パリ条約による優先権主張出願の場合
　　　パリ優先権主張出願を行う場合であっても、意匠の公開日から12月以内に「日本へ」出願し、通常の意匠登録出願の場合と同様に本規定の適用を受けるための手続を行う必要があります。

(c)　分割出願（126頁）、変更出願（129頁）の場合

　　　原出願で提出された「新規性喪失の例外の規定の適用を受けようとする旨を記載した書面」及び「証明書」は分割等に係る新たな意匠登録出願と同時に提出されたものとみなされます（意§10の2③、13⑥）。再度の手続は不要です。ただし、原出願で新規性喪失の例外の規定の適用を受けていない場合には、新たな出願について適用を受けることはできません。

(3)　その他

①　意匠登録を受ける権利を有する者の意に反して意匠が公開された場合にも、一定の条件で新規性喪失の例外の規定の適用を受けることができます。具体的な説明はここでは割愛します。

②　公開の態様ごとの証明書の記載事項、出願人・公開者・創作者の異同にともなう記載事項、証明者など、本規定に関する詳細は、特許庁ホームページ上に掲載されている「意匠の新規性喪失の例外規定（意匠法第4条第2項）についてのQ&A集」等に詳しく説明されていますので、ご参照ください。

8. 秘密意匠制度

　出願した意匠は、登録後、意匠公報により一般に公示されます。また、出願関係の書類も一般に閲覧可能となります。この際、登録になってもまだその意匠の実施にとりかからないような場合には、登録意匠が公示されることによって、競合相手などに、自社の将来の意匠の傾向を知られたり、当該登録意匠をもとに転用した意匠を作り出されたりするおそれがあります。

技術の上に技術を積み重ねる特許法や実用新案法に比べて、意匠法は美的観点から産業の発展という目的の達成を目指すものですから、累積的な進歩の側面が少なく、独占権の対象を秘密にしておくことのデメリットは相対的に小さいものとなっています。したがって、意匠法では例外的に、意匠登録出願人が指定した期間中（3年以内）であれば、登録意匠を秘密にすることを認めています。これが秘密意匠制度です（意§14）。

　秘密意匠の請求をすると、設定登録後の意匠公報には意匠権者の氏名等、出願番号等及び登録番号等といった形式的事項のみが掲載され、願書及び願書に添付した図面等の意匠の実体的な内容は掲載されません。これらの事項は秘密期間の経過後に遅滞なく掲載されます（意§20④）。

　なお、秘密意匠の請求をすることができる者は、意匠登録出願人です。

(1) 手続的要件

　秘密意匠制度の利用にあたっては、「出願と同時」又は「設定登録料の納付と同時」に意匠を秘密にすることを請求します（意§14②）。これ以外の場合には当該請求ができませんので注意が必要です。

　秘密にする期間は、「設定登録の日から3年以内」でなければなりません（意§14①）。期間は年及び月の単位で請求することができます。この期間は、別途、請求により延長又は短縮することができます（意§14③）。

　また、秘密にすることを請求する手数料として、出願手数料や登録料とは別に手数料5,100円を納付する必要があります（手数料は改定される場合があり

ますので注意してください。）。

① 出願と同時に秘密を請求する場合

  (a) 意匠登録出願と同時に、「意匠法第14条第１項の適用を受けようとする書面」を提出します。オンライン手続の場合には、当該書面の提出に代えて、意匠登録出願の願書にその旨を記載する必要があります（特例施規§12）。

  (b) 具体的には、願書の「【代理人】」の欄（代理人がいない場合は「【意匠登録出願人】」の欄）の次に「【秘密にすることを請求する期間】」の欄を設けて、秘密にすることを請求する期間（３年以内）を年及び月の単位で記載します。以下の記載例も参照してください。

  (c) 出願と同時に秘密を請求する場合は、出願手数料（16,000円）と秘密にすることを請求する手数料（5,100円）の合算額（21,100円）を納付します。手数料の納付方法については38頁を参照してください。

  (d) なお、書面手続による場合は、願書に添付すべき図面その他の物件を密封し、「秘密意匠」と朱書の上、提出します。

秘密意匠の請求に係る願書の記載例

```
【書類名】          意匠登録願
【整理番号】

・・・・・・（略）・・・・・・

【代理人】
   【識別番号】
   【住所又は居所】
   【弁理士】
   【氏名又は名称】
   （【電話番号】）
   （【連絡先】          担当）
【秘密にすることを請求する期間】     ３年
```

```
【手数料の表示】
    【予納台帳番号】
    【納付金額】        21100

・・・・・・（略）・・・・・・
```

注1　「願書の様式」については、31頁を参照してください。

②　設定登録料の納付と同時に秘密を請求する場合

(a)　設定登録料の納付と同時に、「意匠法第14条第1項の適用を受けようとする書面」を提出します。オンライン手続の場合は、当該書面の提出に代えて、意匠登録料納付書にその旨を記載する必要があります（特例施規§12）。

(b)　具体的には、意匠登録料納付書の「【意匠登録出願人】」の欄に、「【氏名又は名称】」だけでなく「【識別番号】」及び「【住所又は居所】」の欄を設けます。

　　また、「【納付年分】」の欄の上に「【秘密にすることを請求する期間】」の欄を設けて、秘密にすることを請求する期間（3年以内）を年及び月の単位で記載します。次頁の記載例も参照してください。

(c)　「【納付者】」の欄には、設定登録料の納付及び秘密の請求を行う者である意匠登録出願人又は当該出願に係る代理人の情報を記載します。

　　ただし、設定登録料の納付及び秘密の請求を、新たな代理人により行う場合には、「【納付者】」の欄に「意匠登録出願人」の情報を記載した上で、「【納付者】」の欄の次に「【代理人】」の欄を設け、当該新たな代理人の「【識別番号】」、「【住所又は居所】」及び「【氏名又は名称】」を記載します。この場合、新たな代理人についての代理権を証明する書面（委任状）の提出が必要となります。

(d)　設定登録料の納付と同時に秘密を請求する場合は、第1年分の登録料（8,500円）と秘密にすることを請求する手数料（5,100円）の合算額（13,600円）を納付します。第2年以降の登録料をあわせて納付することもできま

す。手数料の納付方法については38頁を参照してください。

(e) 上記の手続を行う際、「包括納付の申出」(252頁参照)を行っている場合には、注意が必要です。自動的に納付処理が行われるため、意匠登録料納付書を提出する機会がないからです。

　　この場合、包括納付援用制限届(254頁参照)を登録査定謄本送達の日から10日以内に提出し、別途、上記の「【秘密にすることを請求する期間】」の欄を設けた意匠登録料納付書を提出する必要があります。

(f) 出願と同時に秘密を請求している場合には、再度設定登録料の納付と同時に秘密を請求することはできません。

秘密意匠の請求に係る意匠登録料納付書の記載例

```
【書類名】            意匠登録料納付書
【提出日】            令和  年  月  日
【あて先】            特許庁長官        殿
【出願番号】
【意匠登録出願人】
    【識別番号】
    【住所又は居所】
    【氏名又は名称】
【納付者】
    【識別番号】
    【氏名又は名称】
(【代理人】)
    (【識別番号】)
    (【住所又は居所】)
    (【弁理士】)
    (【氏名又は名称】)
【秘密にすることを請求する期間】      ３年
【納付年分】              第１年分
【特許料の表示】
    【予納台帳番号】
    【納付金額】        13600
```

注1 「意匠登録料納付書の様式」については、203頁を参照してください。

(2) 秘密にすることを請求した期間の延長又は短縮

① 秘密意匠期間変更請求書

(a) 意匠登録出願人又は意匠権者は、秘密にすることを請求した期間を「設定登録の日から３年以内」で延長又は短縮することを請求することができます（意§14③）。請求にあたっては「秘密意匠期間変更請求書」を提出します。当該書類は、秘密の期間中であればいつでも提出することができます。

(b) 秘密意匠期間変更請求書（意施規様式第10）の作成要領は次の通りです。

イ．書き方等の記載要領は、願書の場合と基本的に同様です（31頁参照）。

ロ．登録後に請求をするときは、「【事件の表示】」の欄に「【登録番号】」の欄を設け「意匠登録第〇〇〇〇〇〇〇号」のように意匠登録番号を記載し、かつ、「【出願番号】」の欄に出願番号を記載します。

ハ．「【請求人】」の欄に記載すべき者が２人以上いるときは、欄を繰り返し設けて記載します。

ニ．「【請求の内容】」の欄には、意匠を秘密にすることを請求する期間について、変更後の期間を記載します。

秘密意匠期間変更請求書の様式

```
【書類名】          秘密意匠期間変更請求書
【提出日】          令和　年　月　日
【あて先】          特許庁長官　殿
【事件の表示】
    【出願番号】
【請求人】
    【識別番号】
    【氏名又は名称】
【代理人】
    【識別番号】
    【住所又は居所】
    【弁理士】
    【氏名又は名称】
【請求の内容】
    秘密意匠の期間を２年に変更する。
```

9. パリ条約による優先権の主張

　わが国はパリ条約の同盟国です。したがってパリ条約の同盟国の国民（同盟国の国民とみなされる者も含む）は、パリ条約の同盟国である国（第一国）でされた最初の出願に基づいてパリ条約による優先権を主張して、わが国へ意匠登録出願をすることができます（パリ条約第4条、意§15＝特§43）。

　このような出願を「パリ条約による優先権の主張を伴う出願（以下、パリ優先権主張出願）」といいます。パリ優先権主張出願は、第一国への出願日からわが国の出願日までの期間内にされた他の出願や公知の事実等によって、不利な取扱いを受けません（パリ条約第4条B）。そのため、新規性や創作非容易性等の審査においては、第一国への出願日がその判断の基準日として取り扱われます。

　なお、パリ優先権主張出願の意匠は、第一国出願の意匠と同一でなければなりません。複数のパリ優先権主張に基づく意匠を組み合わせた意匠を、わが国での1件の出願に係る意匠とした場合には、パリ優先権主張の効果は認められません。

　また、出願人はパリ条約の同盟国の国民（同盟国の国民とみなされる者も含む。）であって、第一国出願の出願人又はその優先権の承継人でなければなりません（優先権が適切に承継されていれば、わが国へのパリ優先権主張出願の時点で、第一国の出願人とわが国の出願人とが同一である必要はありません。）。

(1)　手続的要件

①　出願期限

　　パリ優先権主張出願は、第一国への最初の出願の日（以下、優先日といいます。）から6月以内に行う必要があります（パリ条約第4条C(1)）。

②　パリ優先権主張の表示

(a)　パリ優先権主張出願にあたっては、出願と同時に、パリ優先権の主張を行う旨及びその優先権の基礎となる第一国出願の情報を記載した書面の提出が必要となります（意§15①＝特§43①）。

　　　オンライン手続の場合、上記のパリ優先権主張に係る所定の書面の提出

に代えて、意匠登録出願の願書の「【代理人】」の欄（出願と同時に秘密を請求する場合（115頁）には、「【秘密にすることを請求する期間】」の欄）の次に「【パリ条約による優先権等の主張】」の欄を設け、その欄に「【国・地域名】」及び「【出願日】」を設けて、優先権主張の基礎とされた出願の国又は地域名および出願日を記載する必要があります。また、出願番号を記載するときは、「【出願日】」の次に「【出願番号】」の欄を設けて、その番号を記載します。世界知的所有権機関（WIPO）の提供するデジタルアクセスサービス（DAS）を利用する場合は、「【出願番号】」の欄の次に「【出願の区分】」及び「【アクセスコード】」の欄を設けて、基礎とした出願の区分（「意匠登録」等の別）及びアクセスコードを記載します。また、その次に「【優先権証明書提供国（機関）】」の欄を設けて「世界知的所有権機関」と記載します。

　正確に記載しないと優先権の主張が無効となる場合があります。また、原則として出願後に上記の記載を追加・変更する補正は認められません。出願時に正確に記載することが大切です。

(b)　2以上の優先権を主張しようとするときは、「【パリ条約による優先権等の主張】」の欄を繰り返し設けて記載します。

パリ優先権主張出願の意匠登録願の記載例

```
【書類名】            意匠登録願
【整理番号】
【提出日】            令和　　年　　月　　日
【あて先】            特許庁長官　　　　　殿

・・・・・・（略）・・・・・・

【代理人】
　　【識別番号】
　　【住所又は居所】
　　【弁理士】
　　【氏名又は名称】
【パリ条約による優先権等の主張】
　　【国・地域名】
　　【出願日】
　　【出願番号】
　　（【出願の区分】意匠登録）
　　（【アクセスコード】△△△△）
　　（【優先権証明書提供国（機関)】世界知的所有権機関）
【手数料の表示】

・・・・・・（略）・・・・・・
```

注1　「願書の様式」については、31頁を参照してください。

③　優先権証明書の提出

(a)　意匠登録出願の日から3月以内に「優先権証明書」を提出します（意§15
①）。優先権証明書とは、同盟国の政府が発行したもので、第一国への出
願日がその後に出願した他の国での審査等の判断基準日となることを証明
する書類です。発行までに時間を要する場合がありますので、早めに手配
をしておく必要があります。

　　上記期間内に優先権証明書の提出がない場合、特許庁からその旨が通知
されます（意§15＝特§43⑥）。通知を受けた場合、その通知の日から2
月以内に限り、優先権証明書を提出することができます（意§15＝特§43

⑦）。また、所定の場合に、別途救済措置もあります（意§15＝特§43⑧）。詳しくは、特許庁ホームページ上に掲載されている「出願の手続」を参照してください。

上記期間内に優先権証明書を提出しない場合は、当該優先権の主張はその効力を失います。

(b) 優先権証明書の提出は「優先権証明書提出書（意施規§19＝特施規様式第36)」に添付して書面手続により行います（オンライン手続で提出することはできません。)。以下の様式も参照してください。

優先権証明書提出書の様式

```
【書類名】        優先権証明書提出書
【提出日】        令和　年　月　日
【あて先】        特許庁長官　殿
【事件の表示】
    【出願番号】
【提出者】
    【識別番号】
    【住所又は居所】
    【氏名又は名称】
【代理人】
    【識別番号】
    【住所又は居所】
    【弁理士】
    【氏名又は名称】
【最初の出願の表示】
    (【国・地域名】)
    (【出願日】)
    (【出願番号】)
【提出物件の目録】
    【物件名】        優先権証明書　　1
```

(c) デジタルアクセスサービス（DAS）を利用して優先権証明書を世界知的所有権機関（WIPO）を通じて提出する場合には、別途、優先権証明書を特許庁に提出する必要はありません。

イ．「【最初の出願の表示】」の欄の「【国・地域名】」、「【出願日】」及び「【出願番号】」には、優先権の主張の基礎とされた出願をした国の国名又は地域名、出願の年月日及び出願の番号を記載します（一定の場合省略も可能です。）。同時に２以上の優先権証明書を提出するときは、欄を繰り返し設けて記載します。

ロ．優先権証明書が外国語で作成されている場合は、その訳文を添付する必要があります（意施規§19＝特施規§２②）。特許庁では、当該優先権証明書の訳文について、証明書の鑑の部分（第一国の官庁名、出願日、出願番号、認証文言及び認証官氏名）のみの翻訳文でも、最低限として提出を認めるという運用がなされているようです。詳しくは特許庁へご確認ください。

ハ．その他の記載要領は「願書の様式（31頁）」等を参照してください。

(d) 分割出願（126頁）、変更出願（129頁）の場合

原出願で提出された「パリ優先権主張に係る所定の書面（願書上のパリ優先権主張の表示）」及び「優先権証明書」は、分割等に係る新たな意匠登録出願と同時に提出されたものとみなされます（意§10の2③、意§13⑥）。再度、願書にパリ優先権主張の表示を記載したり、優先権証明書を提出したりする必要はありません。ただし、原出願で主張していない優先権を、新たな出願について主張することはできません。

(2) **その他**

パリ優先権の主張は取り下げることはできません。

第4章

特殊な出願

1. 意匠登録出願の分割

　意匠登録出願は、意匠法第7条に定める「一意匠一出願」の原則に基づいて、経済産業省令で定める物品の区分により意匠ごとに出願することにより行います。したがって、出願の際に誤って2以上の意匠を1つの出願に包含して出願した場合には、その出願は、多意匠を包含するものとして拒絶されます。その救済の道として、当該意匠登録出願の一部を分割して、新たな意匠登録出願とすることのできる機会が出願人に与えられています。このような新たな出願を「分割出願」といいます（意§10の2）。

　例えば、1つの出願に「円筒型の包装用缶」と「ボトル型の包装用缶」の図面をそれぞれ表した場合は、一意匠一出願の原則に違反しますので、1つの意匠ごとの出願となるよう分割しなければなりません。この場合において「円筒型の包装用缶」を、もとの出願（以下、「原出願」といいます。）に残し、「ボトル型の包装用缶」を分割出願とするときは、手続補正書により、原出願における「ボトル型の包装用缶」の図面を削除します。

　適法な分割出願は、原出願の時に出願したものとみなされます（意§10の2②）。

　なお、分割出願ができる者は、原出願の出願人です。共同出願の場合も含めて、原出願の出願人と分割出願の出願人とは、出願の分割時において、一致していることが必要です。

(1) 時期的要件

　分割出願は、意匠登録出願が審査、審判又は再審に係属している場合に限りすることができます（意§10の2①）。すなわち、意匠登録出願が放棄、取下げ、却下された後又は査定若しくは審決が確定した後（再審に係属している場合は除きます。）は、意匠登録出願の分割をすることはできません。

(2)　**実体的要件**

　　分割出願の実体的要件は以下のとおりです。

① 　２以上の意匠が包含されている意匠登録出願についての分割であること

　　　例えば、一の形態が貯金箱にも、花器にも、鉛筆立てにもなるという場合に、願書の「【意匠に係る物品】」の欄に、「貯金箱、花器、鉛筆立て」と並列して記載した場合や、願書に添付した図面等に２以上の形態を表している場合などが該当します。

② 　分割による新たな意匠登録出願に係る意匠が、もとの意匠登録出願に包含されていた２以上の意匠のうち、いずれかと同一の意匠であること

　　　分割出願に表された意匠が原出願に包含されていた２以上の意匠のいずれからみても要旨を変更するものである場合には適法な分割出願とは認められません。

(3)　**手続的要件**

① 　分割出願の願書は「意施規様式第３」に従って作成します。

　　(a)　具体的には、願書の「【整理番号】」の欄の次に「【特記事項】」の欄を設けて「意匠法第10条の２第１項の規定による意匠登録出願」と記載し、「【あて先】」の欄（関連意匠の意匠登録出願（103頁）としての分割出願の場合には、「【本意匠の表示】」の欄）の次に「【原出願の表示】」の欄を設け、「【出願番号】」と「【出願日】」を記載します。

　　　　なお、部分意匠の意匠登録出願(70頁)としての分割出願の場合には、「【原出願の表示】」の欄は「【部分意匠】」の欄の上に設けます。

　　(b)　「【原出願の表示】」の欄の「【出願番号】」には「意願○○○○－○○○○○○」、「【出願日】」には「令和○○年○○月○○日」のように、もとの意匠登録出願の番号及び年月日を記載します。ただし、原出願の番号が通知されていないときは、「【出願日】」には「令和○○年○○月○○日提出の意匠登録願」のように原出願の年月日を記載し、「【出願日】」の次に「【整理番号】」の欄を設けて、原出願の願書に記載した整理番号を記載します。

　　(c)　原出願の代理人と異なる代理人が分割出願をする場合には、出願人から

代理権を得ていることを、特許庁に対して委任状により証明する必要があります（28頁参照）（意施規§19①＝特施規§4の3）。

分割出願の意匠登録願の様式

【書類名】	意匠登録願
【整理番号】	
【特記事項】	意匠法第10条の2第1項の規定による意匠登録出願
【提出日】	令和　　年　　月　　日
【あて先】	特許庁長官　　　　　殿
【原出願の表示】	
【出願番号】	
【出願日】	
【意匠に係る物品】	

・・・・・・（略）・・・・・・

注1　その他は出願手数料を含め、各出願の願書の様式（31頁等）と同様です。

⑷　その他

① 　原出願の補正

　　分割出願にあたり、原出願の願書の記載又は図面等を補正する必要があるときは、分割出願と**同時に**行う必要があります（意施規§19③＝特施規§30）。

② 　原出願で提出された書面等について

　　原出願について提出された、新規性喪失の例外、パリ優先権主張に係る所定の書面等は、分割出願についても、分割出願と同時に提出されたものとみなされます（意§10の2③）。

　　なお、原出願に認められていない利益（優先権主張等）が、分割出願で新たに認められることはありません。

2. 特許出願又は実用新案登録出願から意匠登録出願への変更

　ある新規な形状の技術的側面に着目して、特許出願又は実用新案登録出願をしたところ、拒絶されたというような場合、その形状の美的側面に着目し、その出願を意匠登録出願へ変更することができます（意§13）。その反対に、意匠登録出願を特許出願あるいは実用新案登録出願へ変更することもできます（特§46、実§10）。

　こうした出願の変更は、出願内容の変更ではなく出願形式の変更にあたります。したがって、意匠登録出願へ出願の変更をするためには、もとの出願の明細書や図面中に、出願の変更をする意匠が明確に認識できるように具体的に記載されている必要があります。なお、もとの出願に複数の意匠が包含されている場合には、2以上の意匠登録出願に出願の変更をすることができます。

　このように変更された新たな出願を「変更出願」といい、変更前のもとの特許出願又は実用新案登録出願を「原出願」といいます。

　適法な変更出願は、原出願の時に出願したものとみなされます（意§13⑥）。

　なお、変更出願ができる者は、原出願の出願人です。共同出願の場合も含めて、原出願の出願人と変更出願の出願人とは、出願の変更時において、一致していることが必要です。

(1) 時期的要件

① 特許出願からの変更の場合（意§13①）

　　原出願が特許庁に係属している間は、意匠登録出願へ出願の変更をすることができます。ただし、原出願について拒絶をすべき旨の最初の査定の謄本の送達があった日から3月（延長された場合は、その期間）を経過した後は、出願の変更をすることができません。

② 実用新案登録出願からの変更の場合（意§13②）

　　原出願が特許庁に係属している間は、意匠登録出願へ出願の変更をすることができます。なお、実用新案登録出願は実体審査を経ないため、設定登録

までの期間が短いので、注意が必要です。

③　PCT国際出願（特許協力条約に基づく国際出願）の場合

　　PCT国際出願の場合は、国内移行のための所定の手続（特§184の5①、実§48の5①等）をし、かつ、所定の手数料の納付（特§195②、実§54②）をした後でなければ、意匠登録出願に変更することができません（意§13の2）。

(2)　**原出願の地位**

　　変更出願があったときは、原出願は**取り下げた**ものとみなされますのでご注意ください（意§13④）。なお、原出願が特許出願の場合、特許出願人はその特許出願について仮専用実施権を有する者があるときは、その承諾を得た場合に限り変更出願をすることができます（意§13⑤）。

(3)　**手続的要件**

①　変更出願の願書は「意施規様式第4」に従って作成します。

　(a)　具体的には、願書の「【整理番号】」の欄の次に「【特記事項】」の欄を設けます。原出願が特許出願の場合は「意匠法第13条第1項の規定による意匠登録出願」と記載し、実用新案登録出願の場合は「意匠法第13条第2項の規定による意匠登録出願」と記載します。

　(b)　「【あて先】」の欄（関連意匠の意匠登録出願（103頁）としての変更出願の場合には、「【本意匠の表示】」の欄）の次に「【原出願の表示】」の欄を設け、「【出願番号】」と「【出願日】」を記載します。

　(c)　「【原出願の表示】」の欄の「【出願番号】」には、原出願の種別にあわせて「特願〇〇〇〇－〇〇〇〇〇〇」又は「実願〇〇〇〇－〇〇〇〇〇〇」のように出願番号を記載します。「【出願日】」には「令和〇〇年〇〇月〇〇日」のように原出願の年月日を記載します。ただし、もとの出願の番号が通知されていないときは、「【出願日】」には、「令和〇〇年〇〇月〇〇日提出の特許願」のように原出願の種別にあわせて原出願の年月日を記載し、「【出願日】」の次に「【整理番号】」の欄を設けて、原出願の願書に記載した整

理番号を記載します。

(d) 委任による代理人が変更出願の手続を行う場合には、出願人から特別の授権を得ていることを、特許庁に対して委任状により証明する必要があります（28頁参照）。

変更出願の意匠登録願の様式

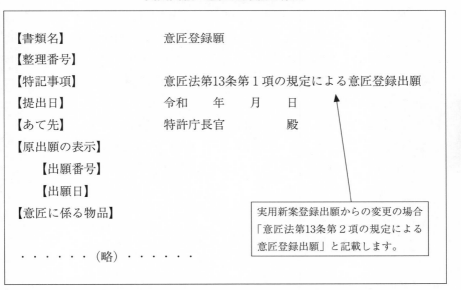

【書類名】　　　　　意匠登録願
【整理番号】
【特記事項】　　　　意匠法第13条第1項の規定による意匠登録出願
【提出日】　　　　　令和　　年　　月　　日
【あて先】　　　　　特許庁長官　　　　　殿
【原出願の表示】
　【出願番号】
　【出願日】
【意匠に係る物品】

・・・・・・（略）・・・・・・

実用新案登録出願からの変更の場合「意匠法第13条第2項の規定による意匠登録出願」と記載します。

注1　その他は、出願手数料を含め、各出願の願書の様式（31頁等）と同様です。

(4)　その他

① パリ優先権について

原出願がパリ優先権の主張を伴う場合は、原出願である特許出願又は実用新案登録出願の出願日が、第一国への出願日から6月以内である場合に限り、変更された意匠登録出願はパリ優先権の主張の適用を受けることができます。

② 原出願で提出された書面等について

(a) 原出願について提出された、新規性喪失の例外、パリ優先権主張に係る
　　所定の書面等は、変更出願についても、変更出願と同時に提出されたもの
　　とみなされます（意§13⑥）。

　　　なお、原出願に認められていない利益（優先権主張等）が、変更出願で
　　新たに認められることはありません。

(b) 原出願について提出された証明書や願書に添付した図面がそのまま意匠
　　登録願に使用できるものであれば、その提出を省略することができます（意
　　施規§19＝特施規§31）。その場合、願書の「【提出物件の目録】」の欄に
　　「【物件名】」の欄を設けて、当該証明書等の書類名を記載し、その次に「【援
　　用の表示】」の欄を設けて、「変更を要しないため省略する。」と記載します。

③　意匠登録出願からの変更

　　意匠登録出願から特許出願又は実用新案登録出願への変更も、所定の要件
　のもと行うことができます（特§46②、実§10②）。手続の詳細は、特許庁ホー
　ムページ上に掲載されている「出願の手続」を参照してください。

3．補正却下後の新出願

　出願人は出願書類の記載不備を治癒するために、出願後に出願書類を補正することができます（161頁参照）。しかし、補正を自由に認めれば、出願当初に開示されていない意匠が出願時に提出されていたものとして取り扱われることになり、先願主義の原則に反し、第三者に不測の不利益を与えるおそれがあります。したがって、意匠の要旨を変更する補正は、決定をもって却下されます（意§17の2）。例えば、図面について補正をした場合に、それが出願当初の図面に描かれていない別の図面を加えるものであり、出願当初の要旨を変更するものとなる場合などが該当します。

　この補正却下決定の通知を受け取った場合、「補正却下決定不服審判」（189頁）を請求して、当該補正の却下の適否について不服を申し立てることもできますが、補正の却下の決定があった補正後の意匠についての新たな意匠登録出願をすることもできます。この出願を「補正却下後の新たな意匠登録出願（以下、補正却下後の新出願）」といいます（意§17の3）。

　適法になされた、補正却下後の新出願は、却下された手続補正書を提出した時にしたものとみなされます（意§17の3①）。

　なお、補正却下後の新出願ができる者は、もとの意匠登録出願の出願人です。共同出願の場合も含めて、もとの出願の出願人と補正却下後の新出願の出願人とは、当該新出願の時において、一致していることが必要です。

(1)　時期的要件
　補正却下後の新出願は、補正の却下の決定の謄本を受け取った日から3月以内にしなければなりません（意§17の3①）。

(2)　もとの意匠登録出願の地位
　補正却下後の新出願が受理されたときは、もとの意匠登録出願は取り下げたものとみなされます（意§17の3②）。

したがって、「補正の却下の決定があった補正後の意匠」と「補正前のもとの意匠」とを並存させて権利化したい場合には、「補正の却下の決定があった補正後の意匠」について、補正却下後の新出願は行わず、別途、通常の意匠登録出願を行う必要があります。

(3) 手続的要件

① 補正却下後の新出願の願書は「意施規様式第5」に従って作成します。

(a) 具体的には、願書の「【整理番号】」の欄の次に「【特記事項】」の欄を設けて「意匠法第17条の3第1項に規定する意匠登録出願」と記載し、「【あて先】」の欄（関連意匠の意匠登録出願（103頁）としての補正却下後の新出願の場合には、「【本意匠の表示】」の欄）の次に「【原出願の表示】」の欄を設け、「【出願番号】」と「【手続補正書提出日】」を記載します。

なお、部分意匠の意匠登録出願（70頁）としての補正却下後の新出願の場合には、「【原出願の表示】」の欄は「【部分意匠】」の欄の上に設けます。

(b) 「【原出願の表示】」の欄の「【出願番号】」には「意願〇〇〇〇－〇〇〇〇〇〇」、「【手続補正書提出日】」には「令和〇〇年〇〇月〇〇日」のように、もとの意匠登録出願の番号及び却下された補正についての手続補正書の提出の年月日を記載します。

(c) 出願後に上記の記載を追加・変更する補正は原則として認められませんので、ご注意ください。

(d) もとの意匠登録出願の代理人と異なる代理人が補正却下後の新出願をする場合には、出願人から代理権を得ていることを、特許庁に対して委任状により証明する必要があります（28頁参照）（意施規§19①＝特施規§4の3）。

補正却下後の新出願の様式

```
【書類名】          意匠登録願
【整理番号】
【特記事項】        意匠法第17条の３第１項に規定する意匠登録出願
【提出日】          令和    年    月    日
【あて先】          特許庁長官          殿
【原出願の表示】
    【出願番号】
    【手続補正書提出日】
【意匠に係る物品】

・・・・・・（略）・・・・・・
```

注1　その他は、出願手数料を含め、各出願の願書の様式（31頁等）と同様です。

(4)　その他

① 　図面等の省略

(a)　補正却下の理由が、図面を補正したために出願時の図面と比較して要旨の変更であると認められた場合の新たな出願については、図面の添付を省略することができます（意施規§9③）。この場合は、どの図面を願書に添付するものとするかについて明確に記載します。すなわち、もとの願書に添付した図面を願書に添付するものとするのか、あるいは、一部はもとの願書に添付した図面とし、その他は手続補正書に添付した図面を願書に添付するものとするのかについて、正確に記載した上でその図面を省略する旨記載します。

(b)　具体的には「【提出物件の目録】」の欄に「【物件名】」の欄を設けて、「図面」、「写真」等と記載し、その次に「【援用の表示】」の欄を設けて、「変更を要しないため省略する。」といった記載をします。

第 5 章

手続の補足・補正・各種届出等

第5章

1．手続の補足

　手続の補足とは、オンライン手続により特定手続を行った場合に付随して行う手続であり、以下の場合に必要となります。

① 　特定手続に際して提出すべきものとされているが、オンライン手続によっては提出できない証明書等の物件を提出する場合（特例施規§19①）

② 　オンライン手続による一の特定手続を行う者（代理人により手続を行う場合にあっては代理人）が2人以上いる場合であって、オンライン手続を実行した者以外の者が、当該手続を行った旨を特許庁に申し出る場合（特例施規§21①）

　　　手続にあたっては、所定の「手続補足書」を提出します。

⑴ 手続の補足のための期間等

　手続の補足は、オンライン手続をした日から**3日以内**に、行わなければなりません（特例施規§20、21①）。

　ただし、意匠登録出願に係るひな形又は見本の提出については、オンライン手続による**出願と同日**に「ひな形又は見本補足書」により行わなければなりません（56頁参照）。

⑵ 証明書等の物件の提出に係る手続補足書

① 　特定手続に際して提出すべきものとされている物件

　特定手続に際して提出すべきものとされているのは、主に次に掲げる物件です（特例施規§19①）。

(a) 　ひな形又は見本

(b) 　代理権を証明する書面

(c) 　権利の承継を証明する書面

(d) 　第三者の許可、認可、同意又は承諾を証明する書面

(e) 　代表者であることを証明する書面

(f) 　持分の定めがあること、意匠法第36条において準用する特許法第73条第

2項の定めがあること、不分割（共有）の契約があることを証明する書面

(g)　意匠登録出願人の権利についての持分の定めがあることを証明する書面

(h)　意見書に添付して提出すべき証拠物件

(i)　審判の請求等において提出すべき証拠物件

(j)　現金納付に係る「納付済証（特許庁提出用）」

②　作成要領

証明書等の物件の提出に係る手続補足書は、以下に示す様式（特例施規様式第32）で作成します。当該手続補足書に、証明書等の提出が必要な物件を添付して、書面手続にて提出します。

ただし、意匠登録出願に係るひな形又は見本の提出については、「ひな形又は見本補足書」により行わなければなりません。具体的な作成方法は、57頁を参照してください。

証明書等の物件の提出に係る手続補足書の様式

```
【書類名】              手続補足書
【提出日】              令和　　年　　月　　日
【あて先】              特許庁長官　　　　　殿
【事件の表示】
　　【出願番号】
【補足をする者】
　　【識別番号】
　　【住所又は居所】
　　【氏名又は名称】
【代理人】
　　【識別番号】
　　【住所又は居所】
　　【弁理士】
　　【氏名又は名称】
【補足対象書類名】
【補足の内容】          代理権を証明する書面
【提出物件の目録】
　　【物件名】          代理権を証明する書面          1
```

(a) 用紙、余白、書き方等の記載要領は書面手続により出願を行う場合と同様です（64頁参照）。

(b) 「【事件の表示】」の欄について

「【事件の表示】」の欄の「【出願番号】」には、「意願〇〇〇〇－〇〇〇〇〇〇」のように出願の番号を記載します。ただし、出願の番号が通知されていないときは、「【出願番号】」の欄を「【出願日】」とし、「令和〇〇年〇〇月〇〇日提出の意匠登録願」のように出願の年月日を記載し、「【出願日】」の次に「【整理番号】」の欄を設けて、当該出願の願書に記載した整理番号を記載します。

(c) 「【補足をする者】」の欄について

証明書等の物件を提出する者を記載します。記載すべき者が2人以上いるときは、欄を繰り返し設けて記載します。

(d) 「【代理人】」の欄について

代理人によらないときは「【代理人】」の欄は設ける必要はありません。

(e) 「【補足対象書類名】」の欄について

「【補足対象書類名】」の欄には、「意匠登録願」、「手続補正書」のように補足をする書類名を記載します。

(f) 「【補足の内容】」の欄について

例えば「代理権を証明する書面」のように、提出する証明書等の物件名を記載します。

(g) 「【提出物件の目録】」の欄について

物件を提出するときは、「【提出物件の目録】」の欄の次に「【物件名】」の欄を設けて「代理権を証明する書面　1」のように提出する書類名及びその数を記載します。

(h) 手数料等を現金により納付したときは、「納付済証（特許庁提出用）」を別の用紙にはって提出します。

(3) **オンライン手続を行った旨の申出に係る手続補足書**

オンライン手続による一の特定手続を行う者（代理人により手続を行う場合

にあっては代理人）が２人以上いる場合には、当該特定手続の入力実行者以外の者は、特許庁に所定の手続補足書を提出し、当該手続の意思があることを示す必要があります。

　特許庁は、暗証番号の入力（インターネット出願ソフト上で操作）により、手続を行う者の手続意思を確認しています。オンライン手続の場合、意思確認できるのは手続実行者１名のみであるため、手続実行者以外の者については、所定の手続補足書の提出により確認しています。37頁の「選任した代理人」に関する記載も参考にしてください。

① 作成要領

　オンライン手続を行った旨の申出に係る手続補足書は、以下に示す様式（特例施規様式第27）で作成します。この手続補足書は手続意思確認のための書類であるため、手続実行者以外の者が複数ある場合には、その者ごとに申出を行う必要があります。「【補足をする者】」の欄を繰り返し設けることはできません。

　なお、当該手続補足書の提出を書面手続により行う場合には磁気ディスクへの記録の求めが必要です（24頁参照）。

オンライン手続を行った旨の申出に係る手続補足書の様式

```
【書類名】　　　　　　　手続補足書
【提出日】　　　　　　　令和　　年　　月　　日
【あて先】　　　　　　　特許庁長官　　　　　殿
【事件の表示】
　　【出願番号】
【補足をする者】
　　【識別番号】
　　【住所又は居所】
　　【氏名又は名称】
【補足対象書類名】
【補足の内容】　　　　　本件手続をしたことに相違ありません。
```

(a) 書き方、文字、提出日、識別番号等についての記載要領は、出願の願書の場合と同様です（31頁参照）。

(b) 「【事件の表示】」、「【補足対象書類名】」の欄については、証明書等の物件の提出に係る手続補足書の場合と同様です（138頁参照）。

(c) 「【補足をする者】」の欄について

「【補足をする者】」の欄には、補足する書類に係る入力実行者以外の手続を行った者（出願人、代理人等）を1人分記載します。複数人いる場合には、その者ごとに手続補足書を作成します。

(d) 「【補足の内容】」の欄について

「【補足の内容】」の欄には、「本件手続をしたことに相違ありません。」のように、オンライン手続により特定手続を行った旨を記載します。

代理権を証明する書面について

　代理権を証明する書面は、代理人の種類によって異なります。委任による代理人、意匠管理人の場合は、委任状が代理権を証明する書面に該当します。委任状には個別委任状と事件（出願等）を特定しない包括委任状（233頁）があります。

　個別委任状には、委任する代理人の氏名等、出願番号などの事件を特定する事項（複数件を特定することもできます。）及び委任すべき事項の記載を行います。なお、出願の変更、放棄、取下げなどの特別な授権を必要とする行為（意§68②＝特§9）も併せて委任する場合には、その旨を明記する必要があります。

　オンライン手続の場合、個別委任状は、あとから手続補足書や手続補正書を用いて、書面手続により提出します（援用する場合は除きます。）。

個別委任状の記載例

第5章

委任状

令和　　年　　月　　日

私は、

　　識別番号　　000000000　　弁理士　　○○○○氏

　　識別番号　　000000000　　弁理士　　□□□□氏、

を以て代理人として下記事項を委任します。

記

1．意願20○○−△△△△△△、意願20○○−△△△○○○に関する一切の手続

1．上記出願に関する出願人名義変更に関する一切の手続及び爾後一切

の手続
1．上記出願に関する出願の変更、出願の放棄及び出願の取下げ
1．上記出願に関する拒絶査定に対する審判の請求
1．上記出願に関する補正の却下の決定に対する審判の請求
1．上記各項の手続に関する請求の取下げ、申請の取下げ又は申立ての
　取下げ
1．上記各項に関し行政不服審査法に基づく諸手続をなすこと
1．上記各項の手続を処理するため、復代理人を選任及び解任すること
　　　　　　　　　　　　　　　　　　　　　　　　　　　　以上

　　　　　　　　　　　住　　所　（居所）

　　　　　　　　　　　氏　　名　（名称）

　　　　　　　　　　　代表者

※令和２年12月28日に公布・施行された「押印を求める手続の見直し等のた
　めの経済産業省関係省令の一部を改正する省令」をはじめとする一連の改
　正により、委任状について委任者の押印が不要となりました。委任者と受
　任者の間の合意の下、委任状に委任者の情報をタイプ印字すれば、疑義が
　ない限り、真正な委任状として取り扱われます。
　　押印が不要となったことにより、後日委任者と受任者との間に疑義が生
　じた場合に備えて、双方の合意がなされたことの根拠となる情報（例えば
　電子メール等）を、これまで以上にしっかりと保管・管理等しておくこと
　が重要です。
　　詳細は、「押印・署名に関する特許庁の運用の変更について（181頁）」
　及び特許庁ホームページ上に掲載されている「特許庁関係手続における押
　印の見直しについて」等をご参照ください。

2．特徴記載書

　従来にはない斬新な意匠等を出願する際には、願書や図面等の記載のみでは創作した意匠の特徴を十分に表現できない場合があります。また、従来から存在する製品のデザインに改良を加えたような場合において、改良による意匠の特徴点について審査官に十分に理解してもらいたいような場合もあります。

　このような場合には、意匠登録出願人は、意匠登録出願に係る意匠の特徴を記載した「特徴記載書」を特許庁長官に提出することができます（意施規§6）。

　なお、登録意匠の範囲を定める場合において、特徴記載書の記載を考慮することはできません。

(1)　提出できる期間及び作成要領

①　提出できる期間

　「特徴記載書」を提出することができるのは、事件（出願等）が審査、審判又は再審に係属しているときです。出願と同時に提出することもできます。

②　作成要領

　「特徴記載書」は、以下に示す様式（意施規様式第9）で作成します。オンライン手続で提出することができます。

特徴記載書の様式

```
【書類名】　　　　　　　特徴記載書
【提出日】　　　　　　　令和　　年　　　月　　　日
【あて先】　　　　　　　特許庁長官　　　　　　殿
【事件の表示】
　　【出願番号】
【意匠登録出願人】
　　【識別番号】
　　【住所又は居所】
　　【氏名又は名称】
```

```
【代理人】
    【識別番号】
    【住所又は居所】
    【弁理士】
    【氏名又は名称】
【意匠の特徴】
【説明図】
              （イメージデータを組み込みます。）
```

(a) 書き方、文字、提出日、識別番号等についての記載要領は、出願の願書
    の場合と同様です（31頁参照）。

(b) 「【事件の表示】」の欄については、証明書等の物件の提出に係る手続補
    足書の場合と同様です。（138頁参照）

(c) 「【意匠の特徴】」の欄について

    「【意匠の特徴】」の欄には、意匠登録出願に係る意匠の特徴を平易かつ
    明瞭に記載します。記載することのできる文字数は1,000字以内です。こ
    の欄には文字のみを記載することができ、図や表等を記載することはでき
    ません。

(d) 「【説明図】」の欄について

    「【説明図】」の欄には、意匠登録出願に係る意匠の特徴を説明するため
    の図を記載することができます。図は、複数ページにわたって記載するこ
    とができません。また、図は、横150 mm、縦113 mmを超えて記載する
    ことはできません。

(e) イメージデータの組み込み等については、「図面の作成要領」（44頁）を
    参照してください。

(f) 特徴記載書の記載内容のうち、「【意匠の特徴】」の欄の記載又は「【説明
    図】」の欄の記載を補充又は訂正するときは、例えば、「意匠の特徴」の文
    章の一部に誤記があった場合でも、当該部分のみを手続補正書により補正
    することはできず、誤記を修正した後の「【意匠の特徴】」の全文章及び「【説
    明図】」を記載した新たな特徴記載書を作成して提出しなければなりません。

3. 方式的な補正

　ここでは、願書等の書類の方式的な補正について説明します。なお、出願された意匠の内容に関する実体的な補正（願書の「部分意匠」、「意匠に係る物品」、「意匠に係る物品の説明」、「意匠の説明」の欄の記載や、願書に添付した図面等に関する補正等）については、「4. 実体的な補正」（161頁）で説明します。

(1) 補正をすることができる期間等

　出願等の手続を行った者は、事件が審査、審判等に係属している場合に限り、その補正をすることができます（意§60の24）。

　また、特許庁が方式的な審査をした結果、手続に方式上の不備点がある場合には、出願人にこれを補正するように指令します。この場合、指定された期間内に補正を行う必要があります。当該期間内にその補正をしないときは、手続が却下される場合があります（意§68＝特§18①）。

　なお、不適法な手続であって補正をすることができないものについては、当該手続をした者に弁明書の提出機会が与えられた後、原則として、その手続が**却下**されます（意§68＝特§18の2①、②）。却下される手続についての詳細は、特許庁ホームページ上に掲載されている「出願の手続」をご参照ください。

(2) 補正の方法

　自発的な補正又は指令による補正のいずれの場合も、「手続補正書」を提出することにより補正します。手続補正書は「意施規様式第14」に従って作成します。

　150頁以降に補正の目的ごとの「具体的な記載例」を掲載しています。あわせて参照してください。

方式的な補正に係る手続補正書の様式

【書類名】　　　　　　　手続補正書
【提出日】　　　　　　　令和　　年　　月　　日
【あて先】　　　　　　　特許庁長官　　　　殿
【事件の表示】
　　【出願番号】
【補正をする者】
　　【識別番号】
　　【住所又は居所】
　　【氏名又は名称】
【代理人】
　　【識別番号】
　　【住所又は居所】
　　【弁理士】
　　【氏名又は名称】
（【発送番号】）
【手続補正１】
　　【補正対象書類名】
　　【補正対象項目名】
　　【補正方法】
　　【補正の内容】
【手数料補正】
　　【補正対象書類名】
　　（【予納台帳番号】）
　　【納付金額】

方式的な補正に係る手続補正書の作成要領は次の通りです。

① 　書き方、文字、提出日、識別番号等についての記載要領は、出願の願書の場合と同様です（31頁参照）。

② 「【あて先】」の欄について

　　「【あて先】」は、方式的な補正の場合「特許庁長官殿」とします。

③ 「【事件の表示】」の欄について

　　「【事件の表示】」の欄の「【出願番号】」には、「意願○○○○－○○○○○」と記載します。ただし、出願の番号が通知されていないときは、「【出願番号】」を「【出願日】」とし、「令和○○年○○月○○日提出の意匠登録願」のように出願の年月日を記載し、「【出願日】」の次に「【整理番号】」の欄を設けて、当該出願の願書に記載した整理番号を記載します。

④ 「【補正をする者】」の欄について

　　「【補正をする者】」の欄に記載すべき者が2人以上いるときは、欄を繰り返し設けて記載します。

⑤ 「【代理人】」の欄について

　　代理人によらないときは「【代理人】」の欄は設ける必要はありません。

⑥ 「【発送番号】」の欄について

　　「【発送番号】」の欄には、手続補正指令書等がある場合に、そこに記載された発送の番号を記載します。自発的な補正の場合にはこの欄は不要です。

⑦ 「【手続補正1】」の欄について

　(a) 「【補正対象書類名】」について

　　　「【補正対象書類名】」には、「意匠登録願」、「手続補正書」、「出願人名義変更届」、「期間延長請求書」のように補正する書類名を記載します。また、書類名のみでは補正する書類を特定できないときは「【補正対象書類名】」の次に「【補正対象書類提出日】」の欄を設けて「令和○○年○○月○○日」のように記載します。

　(b) 「【補正対象項目名】」について

　　　「【補正対象項目名】」には、「意匠の創作をした者」、「意匠登録出願人」、「代理人」、「補正をする者」、「手続補正○」のように補正をする単位名を

記載します。願書等に記載した事項の補正は、原則として、欄単位で補正します。

(c) 「【補正方法】」について

　「【補正方法】」には、補正をする単位において、提出した書類に記載した事項を補正により変更するときは「変更」と、新たな事項を補正により加えるときは「追加」と、記載した事項を補正により削るときは「削除」と記載します。

(d) 「【補正の内容】」について

　「【補正の内容】」には、「【補正対象項目名】」に記載した事項の前に「【」、後ろに「】」を付し、補正後の内容を記載します。この場合において、「【意匠の創作をした者】」、「【意匠登録出願人】」、「【補正をする者】」、「【承継人】」、「【手続をした者】」、「【代理人】」、「【審判請求人】」等の欄又は、「【パリ条約による優先権等の主張】」の欄を補正するときは、一部のみを補正する場合であっても、補正後の当該欄に係る者又は事項のすべてを記載します。「【補正方法】」が「削除」のときは、「【補正の内容】」の欄を設ける必要はありません。

⑧　補正する単位を異にする2以上の箇所を補正するときは、「【手続補正1】」の欄の次に「【手続補正2】」、「【手続補正3】」のように記載する順序により連続番号を付し、欄を繰り返し設けて記載します。

⑨　手数料等の補正をする場合は、「【手続補正○】」の欄とは別に「【手数料補正】」の欄を設けます。「【補正対象書類名】」には手数料等の補正をする書類名を記載し、「【納付金額】」には納付すべき不足手数料等の額（「円」、「,」等を付さずにアラビア数字のみで表示）を記載します。料金の納付方法により記載が異なりますので、詳しくは具体例（157頁）も参照してください。手数料の補正を行わない場合は、この欄は不要です。

(3) 具体的な記載例

　以下、方式的な補正について、目的ごとの具体的な記載例を示します。特許庁ホームページ上に掲載されている「出願の手続」や「意匠登録出願等の手続

のガイドライン」には、ここで紹介するものも含め、より詳細な記載例が示されています。必要に応じてご参照ください。

① 出願人についての補正

　(a)　出願人の表示の訂正

　　　願書に記載された出願人を変更、追加、削除する補正は、出願の主体の変更となるためできません。ただし、出願人の表示の誤記（脱漏を含む）を訂正する場合には、書類全体から判断して出願の主体の変更とならない場合に限り、その補正を行うことができます。なお、出願後に出願の主体が変更された場合には、出願人名義変更届（173頁）の提出という別の手続を行います。

　　　手続にあたっては、手続補正書の「【補正方法】」の欄に「変更」と記載し、「【補正の内容】」の欄に誤記を訂正した出願人も含めて全ての出願人を記載します。この際、誤記の理由を記載した書面の添付が必要ですが、オンライン手続により手続補正書を提出する場合には、当該手続補正書の「【その他】」の欄に、原因となる誤記の理由を記載することができます。

　　　なお、合併により消滅した法人又は死者の名義により出願をした場合は、登記事項証明書又は戸籍謄本及び住民票の提出をそれぞれ求められます。

　(b)　出願人の記載順序の変更

　　　出願人の記載順序を変更する場合には、手続補正書の「【補正方法】」の欄に「変更」と記載し、「【補正の内容】」の欄に変更後の順序で全ての出願人を記載し、「【その他】」の欄に出願人の順序の変更（出願人の記載内容に変更なし）である旨を記載します。

第5章

出願人の表示の訂正に係る手続補正書の記載例

【書類名】　　　　　　　　手続補正書

　　　　・・・・(省略)・・・・

【手続補正1】
　　　【補正対象書類名】　　意匠登録願
　　　【補正対象項目名】　　意匠登録出願人
　　　【補正方法】　　　　　変更
　　　【補正の内容】
　　　　【意匠登録出願人】
　　　　　【識別番号】　　　・・・・
　　　　　【住所又は居所】　・・・・
　　　　　【氏名又は名称】　・・・・
　　　　【意匠登録出願人】
　　　　　【識別番号】　　　・・・・
　　　　　【住所又は居所】　・・・・
　　　　　【氏名又は名称】　・・・・
　　【その他】　　　　　　　誤記の理由は・・・・です。

出願人の順序の補正に係る手続補正書の記載例

【書類名】　　　　　　　　　手続補正書

　　　　　　　・・・・（省略）・・・・

【手続補正1】
　　【補正対象書類名】　　　意匠登録願
　　【補正対象項目名】　　　意匠登録出願人
　　【補正方法】　　　　　　変更
　　【補正の内容】
　　　【意匠登録出願人】
　　　　【識別番号】　　　　・・・・
　　　　【住所又は居所】　　・・・・
　　　　【氏名又は名称】　　・・・・
　　　【意匠登録出願人】
　　　　【識別番号】　　　　・・・・
　　　　【住所又は居所】　　・・・・
　　　　【氏名又は名称】　　・・・・
　　【その他】　　　　　　　意匠登録出願人の順序の変更（意匠登録出願人
　　　　　　　　　　　　　　の記載内容に変更なし）。

② 創作者についての補正

　(a)　創作者の表示の訂正

　　　願書の意匠の創作をした者（創作者）の欄には、出願に係る意匠の「真の創作者」を記載する必要があります。創作者でない者を誤って記載した場合など、創作者の表示を訂正する補正が創作者自体の変更にあたるときは、創作者相互の「宣誓書」と、「意匠の創作をした者の変更（追加、削除）の理由を記載した書面」を提出する必要があります。

　　　単に創作者の表示の誤記を訂正する場合には、手続補正書と「誤記の理由を記載した書面」を提出すれば足ります。ただし、姓及び名または姓及び住所を同時に訂正する場合など、誤記の訂正が創作者自体の変更にあたるおそれがある場合には、上述の宣誓書等の提出が求められる場合があります。

　　　オンライン手続では、上述の「意匠の創作をした者の変更や誤記の理由を記載した書面」に代えて、当該手続補正書の「【その他】」の欄に、原因となる誤記等の理由を記載することができます。なお、宣誓書等を提出する場合には、手続補正書の提出日から３日以内に「手続補足書」（121頁参照）により提出します。

　　　手続にあたっては、手続補正書の「【補正方法】」の欄に「変更」と記載し、「【補正の内容】」の欄に変更後（追加後、削除後、訂正後）の創作者全員を記載します。「【その他】」の欄は、創作者を変更する理由や、誤記をした原因に言及し、具体的かつ十分に記載します。

　(b)　創作者の記載順序の変更

　　　創作者の記載順序を変更する場合には、手続補正書の「【補正の内容】」の欄に変更後の順序で全ての創作者を記載し、「【その他】」の欄に創作者の順序の変更（意匠の創作をした者の記載内容に変更なし）である旨を記載します。

創作者の表示の訂正に係る手続補正書の記載例

【書類名】　　　　　　　　手続補正書

　　　　　　・・・・（省略）・・・・

【手続補正1】
　　【補正対象書類名】　　意匠登録願
　　【補正対象項目名】　　意匠の創作をした者
　　【補正方法】　　　　　変更
　　【補正の内容】
　　　【意匠の創作をした者】
　　　　【住所又は居所】　・・・・
　　　　【氏名】　　　　　・・・・
　　　【意匠の創作をした者】
　　　　【住所又は居所】　・・・・
　　　　【氏名】　　　　　・・・・
【その他】　　　　　　　　変更（追加、削除）の理由は・・・・です。
　　　　　　　　　　　　　（誤記の理由は・・・・です。）

注1　「【補正方法】」は、記載の漏れていた真の創作者を新たに加える場合、
　　創作者の記載のうち真正の創作者でない一部の者を削る場合、創作者の表
　　示の誤記を訂正する場合のいずれであっても「変更」と記載します。

創作者を変更する場合の宣誓書の記載例

宣誓書

令和　　年　　月　　日

　下記の出願について、□□□□と△△△△が真の意匠の創作をした者であり、××××は意匠の創作をした者ではないことをここに宣言します。

記

1．出願番号　　　　　　意願○○○○－○○○○○○

2．意匠に係る物品　　　○○○○○○○

　　意匠の創作をした者
　　　住所又は居所
　　　氏名　　　　　　□□□□

　　意匠の創作をした者
　　　住所又は居所
　　　氏名　　　　　　△△△△

　　　住所又は居所
　　　氏名　　　　　　××××

注1　宣誓文には、変更前の願書の意匠の創作をした者の欄に記載のある者と補正後の同欄に記載される者との全員分について、真の創作者である旨又は真の創作者ではない旨を記載します。

注2　変更前の願書の意匠の創作をした者の欄に記載のある者と、補正後の同欄に記載される者の全員分の記名が必要です。

注3　宣誓文に創作者の相互関係が記載されていれば、1名ごとに分けて宣誓書を作成し、提出することも可能です。

③ 手数料等についての補正

　手数料等について補正をする場合には、手続補正書に「【手数料補正】」の欄を設け、以下のように料金の納付方法に応じた記載を行います。なお、特許印紙による納付についての説明は割愛します。

(a) 予納による納付の場合

　予納した見込額からの納付の申出を行うことにより手数料等を補正する場合には、「【手数料補正】」の欄の「【補正対象書類名】」の次に「【予納台帳番号】」の欄を設けて予納台帳の番号を記載し、「【納付金額】」には予納した見込額から納付に充てる不足手数料等の額を記載します。

　　　＜記載例＞
　　【手数料補正】
　　　　【補正対象書類名】　　　意匠登録願
　　　　【予納台帳番号】　　　　○○○○○○
　　　　【納付金額】　　　　　　00000

(b) 納付書による現金納付の場合

　納付書による現金納付により手数料等を補正する場合には、「【手数料補正】」の欄の「【補正対象書類名】」の次に「【納付書番号】」の欄を設け、納付を行った納付書番号を記載します。オンライン手続を行った日から3日以内に「手続補足書」（138頁参照）に「納付済証（特許庁提出用）」を添付して提出します。「【納付金額】」の欄を設ける必要はありません。

　　　＜記載例＞
　　【手数料補正】
　　　　【補正対象書類名】　　　意匠登録願
　　　　【納付書番号】　　　　　○○○○○○○○○○

(c) 電子現金納付の場合

　電子現金納付により手数料等を補正する場合には、「【手数料補正】」の欄の「【補正対象書類名】」の次に「【納付番号】」の欄を設けて納付番号を記載します。「【納付金額】」の欄を設ける必要はありません。

<記載例>
【手数料補正】
　　【補正対象書類名】　　　意匠登録願
　　【納付番号】　　　　　〇〇〇〇－〇〇〇〇－〇〇〇〇－〇〇〇〇

(d)　口座振替による場合

　　　口座振替により手数料等を補正する場合には、「【手数料補正】」の欄の「【補正対象書類名】」の次に「【振替番号】」の欄を設けて振替番号を記載し、「【納付金額】」には納付すべき不足手数料等の額を記載します。

　　　＜記載例＞
【手数料補正】
　　【補正対象書類名】　　　意匠登録願
　　【振替番号】　　　　　〇〇〇〇〇〇
　　【納付金額】　　　　　00000

(e)　指定立替納付（クレジットカードによる納付）による場合

　　　指定立替納付により手数料等を補正する場合には、「【手数料補正】」の欄の「【補正対象書類名】」の次に「【指定立替納付】」の欄を設けます。「【納付金額】」には納付すべき不足手数料等の額を記載します。

　　　＜記載例＞
【手数料補正】
　　【補正対象書類名】　　　意匠登録願
　　【指定立替納付】
　　【納付金額】　　　　　00000

④　証明書等を提出する補正について

　　手続に際して特許庁に提出すべきものとされている証明書等を提出する補正を行う場合には、オンライン手続によっては証明書等の現物を提出することができませんので、書面手続にて行います。なお、包括委任状等を援用する場合には、証明書等の現物は提出しませんので、オンライン手続にて補正

を行わないと、磁気ディスクへの記録の求め（24頁）が必要となります。

　手続にあたって、「【手続補正1】」の欄の「【補正対象書類名】」には当該手続に係る書類名を記載し、「【補正対象項目名】」には「提出物件の目録」と記載します。「【補正方法】」には「追加」と記載し、「【補正の内容】」には「【提出物件の目録】」の欄を設け、次に「【物件名】」の欄を設けて証明書等の書類名を記載するとともに、その数（「通」、「枚」等を付さず、アラビア数字のみで表示）を記載し、当該証明書等を添付します。

証明書等の物件の提出に係る手続補正書の記載例

```
【書類名】            手続補正書
【提出日】            令和　　年　　月　　日
【あて先】            特許庁長官　　　　　殿
【事件の表示】
　　　【出願番号】
【補正をする者】
　　　【識別番号】
　　　【住所又は居所】
　　　【氏名又は名称】
【代理人】
　　　【識別番号】
　　　【住所又は居所】
　　　【弁理士】
　　　【氏名又は名称】
（【発送番号】）
【手続補正1】
　　　【補正対象書類名】    出願人名義変更届
　　　【補正対象項目名】    提出物件の目録
　　　【補正方法】          追加
　　　【補正の内容】
　　　　　【提出物件の目録】
　　　　　　　【物件名】    譲渡証書　　　　1
```

⑤　オンライン手続を行った旨の申出に係る手続補正書

「【補正対象書類名】」には当該手続に係る書類名を記載します。「【補正対象項目名】」には「意匠登録出願人」、「補正をする者」のように手続を行った者を記載し、「【補正方法】」には「追加」と記載します。「【補正の内容】」の欄には「【その他】」の欄を設けて当該手続を行った旨を記載します。

⑥　その他

パリ優先権の主張は、その効果が第三者に与える影響が大きいため、優先権の主張に係る願書の記載は厳格に解釈されます。補正や追完が認められるのは、明らかな誤記と認められる場合等に限られます。

また、新規性喪失の例外の規定の適用を受ける場合など、願書の「【特記事項】」の欄の表示についても、出願と同時に記載されていることが必要であるため、原則として補正による追加が認められません。

補正や追完が認められる場合については、特許庁ホームページ上に掲載されている「方式審査便覧」等をご参照ください。

4．実体的な補正

　ここでは、意匠登録出願の実体的な補正について説明します。出願された意匠の内容が具体的にどのようなものであるかは、「願書の記載（※）」及び「願書に添付した図面等」から導き出されます。

　※願書の記載とは、願書中の「部分意匠」、「意匠に係る物品」、「意匠に係る物品の説明」、「意匠の説明」の欄の記載をいいます。

　補正の効果は、補正された事項が「出願当初から記載されていたことになる」ことです。出願当初の意匠の内容を、何ら制限なく補正できることとすると、先願主義に反し、また第三者の不利益を招きます。そのため、実体的な補正には、時期的、内容的な制限が課されています。

(1)　時期的制限および内容的な制限

①　時期的な制限

　出願等の手続を行った者は、事件が審査、審判又は再審に係属している場合に限り、その補正をすることができます（意§60の24）。これは、方式的な補正の場合と同様の制限です。

②　内容的な制限

　補正は、願書の記載や願書に添付した図面等の「要旨」を変更するものであってはなりません。要旨の変更となる場合には、その補正は、審査官により却下されます（意§17の2）。補正の却下については、189頁を参照してください。

　意匠法においては、特許法のような広範囲の補正は認められていません。意匠の内容に本質的な変更が加えられるような補正は、ほとんどが要旨変更に該当しますので、注意が必要です。

(2)　補正の方法

①　願書の記載又は願書に添付した図面等のいずれの補正の場合も、「手続補

第5章

正書」を提出することにより補正します。手続補正書は方式的な補正の場合と同様に「意施規様式第14」に従って作成します。

163頁以降に補正の目的ごとの「具体的な記載例」を掲載しています。あわせて参照してください。

② 手続補正書の基本的な作成要領は、方式的な補正の場合（147頁参照）と同様です。以下に実体的な補正の留意点をあげます。

(a) 「【あて先】」の欄について

特許庁審査官の拒絶理由通知等による場合は、その通知を発した「特許庁審査官殿」、特許庁審判長による場合は「特許庁審判長殿」、その他の場合は「特許庁長官殿」とします。

(b) 「【発送番号】」の欄について

「【発送番号】」の欄には、拒絶理由通知書等に記載された発送の番号を記載します。

(c) 「【補正対象書類名】」には、「意匠登録願」、「図面」、「写真」のように補正する書類名を記載します。

(d) 「【補正対象項目名】」について

「【補正対象項目名】」には、「意匠に係る物品」、「意匠に係る物品の説明」、「意匠の説明」、「正面図」、「全図」のように補正をする単位名を記載します。

(e) 「【補正方法】」について

「【補正方法】」には、補正をする単位において、提出した書類に記載した事項を補正により変更するときは「変更」と、新たな事項を補正により加えるときは「追加」と、記載した事項を補正により削るときは「削除」と記載します。

(f) 「【補正の内容】」について

「【補正の内容】」には、「【補正対象項目名】」に記載した事項の前に「【」、後ろに「】」を付し、補正後の内容を記載します。「【補正対象項目名】」が「全図」のときは、図面の全図を「【書類名】」とともに記載します。「【補正方法】」が「削除」のときは、「【補正の内容】」の欄を設ける必要はありません。

(3) 具体的な記載例

　　以下、実体的な補正について、目的ごとの具体的な記載例を示します。特許庁ホームページ上に掲載されている「出願の手続」や「意匠登録出願等の手続のガイドライン」には、ここで紹介するものも含め、より詳細な記載例が示されています。必要に応じてご参照ください。

① 「【意匠に係る物品】」の欄の補正

　　「【補正の内容】」の欄には、補正後の「物品の区分」を記載します。

意匠に係る物品を変更する場合の手続補正書の記載例

【書類名】　　　　　　　　手続補正書

　　　　　　　　・・・・（省略）・・・・

【手続補正１】
　　【補正対象書類名】　　意匠登録願
　　【補正対象項目名】　　意匠に係る物品
　　【補正方法】　　　　　変更
　　【補正の内容】
　　　【意匠に係る物品】　安全用スイッチ錠

---

② 「【意匠に係る物品の説明】」の欄の補正

　　出願後、「【意匠に係る物品の説明】」の欄に、物品の理解を助けるための説明を補充する補正をしても、要旨を変更するものでなければ、認められます。

　　例えば、出願当初の願書に添付した図面に折畳んだ状態を表す図面がない場合に、願書の記載及び願書に添付した図面等を総合的に判断すると、「折畳むことができる機能を有する物品」であることを当然に導き出すことがで

第5章

きるのであれば、「意匠に係る物品の説明」の欄に「本物品は折畳み可能である。」旨の記載を補充する補正は認められると解されます。

意匠に係る物品の説明を変更する場合の手続補正書の記載例

【書類名】　　　　　　　　手続補正書

・・・・（省略）・・・・

【手続補正1】
　　【補正対象書類名】　　意匠登録願
　　【補正対象項目名】　　意匠に係る物品の説明
　　【補正方法】　　　　　変更
　　【補正の内容】
　　　【意匠に係る物品の説明】　この物品は・・・・

注1　すでに提出した意匠登録願に「【意匠に係る物品の説明】」を記載していない場合は、「【補正方法】」の欄は「追加」とします。説明を削除する場合は、同欄を「削除」とし、「【補正の内容】」の欄は設けません。

③　「【意匠の説明】」の欄の補正

　　「【意匠の説明】」の欄に、例えば、意匠に係る物品の材質や大きさの記載を補充したり、意匠に係る物品の全部または一部が透明である旨の記載を補充したり、物品の一部分を省略した旨または省略箇所の図面上の寸法の記載を補充する補正は、願書の記載及び願書に添付した図面等を総合的に判断した場合に、それらの記載内容を当然に導き出すことができるならば（例えば、図面の表現から透明部分を当然に導き出せたり、その他の図面から不足した図面に表れる図形を当然に導き出せるならば）、認められると解されます。

意匠の説明を変更する場合の手続補正書の記載例

【書類名】　　　　　　　　　手続補正書

・・・・(省略)・・・・

【手続補正1】
　　【補正対象書類名】　　　意匠登録願
　　【補正対象項目名】　　　意匠の説明
　　【補正方法】　　　　　　変更
　　【補正の内容】
　　　【意匠の説明】　　　　背面図は・・・・

注1　すでに提出した意匠登録願に「【意匠の説明】」を記載していない場合は、「【補正方法】」の欄は「追加」とします。説明を削除する場合は、同欄を「削除」とし、「【補正の内容】」の欄は設けません。

第5章

④　通常の意匠登録出願と関連意匠の意匠登録出願の相互の補正

　(a)　「通常の意匠登録出願」は、関連意匠の要件を満たす場合（103頁参照）、補正により「関連意匠の意匠登録出願」にすることができます。

意匠登録出願を関連意匠の意匠登録出願に補正する場合の手続補正書の記載例

```
【書類名】　　　　　　　　手続補正書
　　　　　　　　・・・・（省略）・・・・


【手続補正1】
　　【補正対象書類名】　　意匠登録願
　　【補正対象項目名】　　本意匠の表示
　　【補正方法】　　　　　追加
　　【補正の内容】
　　　【本意匠の表示】
　　　　【出願番号】　　　意願○○○○－○○○○○○
```

注1　「【本意匠の表示】」の欄の記載要領は106頁を参照してください。

　(b)　「関連意匠の意匠登録出願」を補正により「通常の意匠登録出願」にすることもできます。この場合、通常の意匠登録出願へ補正しようとしている出願に係る意匠が、「【本意匠の表示】」の欄に記載した自己の出願等に係る意匠と類似しないものである必要があります。

関連意匠の意匠登録出願を意匠登録出願に補正する場合の手続補正書の記載例

【書類名】	手続補正書
	・・・・（省略）・・・・
【手続補正1】	
【補正対象書類名】	意匠登録願
【補正対象項目名】	本意匠の表示
【補正方法】	削除

⑤　願書に添付した図面等の補正

(a)　願書に添付した図面等の補正も、要旨を変更するものであってはなりません。意匠の要旨の認定に影響を及ぼさない程度の微細な部分の記載不備を訂正する補正は、認められると解されます。

　　　例えば、図面同士に矛盾あるいは不一致が認められるものの、願書の記載および願書に添付した図面等を総合的に判断すれば、記載不備のない形状を当然に導き出すことができる場合は、記載不備のない図に訂正する補正は認められると解されます。

　　　一方で、意匠の要旨の認定に影響を及ぼす部分についての記載不備を訂正する補正は要旨変更となり、認められません。例えば「トレイ」の図面において、6面図を提出しているものの断面図がなく、「【意匠の説明】」の欄に「中央収容部は凹んでいる」との記載があり、凹み部の形状を複数採り得るものである場合には、具体的な一の形状を当然に導き出すことができません。したがって、意匠の要旨が不明です。このような場合に、凹み部の形状を特定する断面図を追加する補正は、「出願当初不明であった意匠の要旨を明確なものにするもの」であり、要旨の変更に該当し、認められません。

(b)　２以上の物品の図が表された意匠登録出願は、２以上の意匠を包含していると認められます。この場合には、必要であれば２以上の意匠の一部を分割し、もとの意匠登録出願については、分割した新たな意匠登録出願に係る意匠を表す各図を削除する補正を行います。

(c)　図面等を補正するときは、全図又は「【図○】」を単位として補正します。

(d)　補正した図の縮尺が他の図の縮尺と不一致にならないよう注意してください。

(e)　願書に添付した「写真」についての補正を行う場合も、基本的な要領は図面の場合と同様です。「【補正対象書類名】」の欄等の記載は「写真」とします。

(f)　「図面等の記載」や「イメージデータの組み込み」等については44頁を参照してください。

(g)　図面等を全図変更する場合

図面等を全図変更する場合、「【補正対象項目名】」を「全図」とし、「【補正方法】」を「変更」とします。「【補正の内容】」には「【書類名】図面」と記載し、「【正面図】」、「【背面図】」のように記載をして、下記の例のように補正後の図面のイメージデータを全図分、組み込みます。

図面を全図変更する場合の手続補正書の記載例

【書類名】　　　　　　　手続補正書

・・・・(省略)・・・・

【手続補正1】
　　　【補正対象書類名】　図面
　　　【補正対象項目名】　全図
　　　【補正方法】　　　　変更
　　　【補正の内容】
　　　【書類名】　　　　　図面
　　　【正面図】
　　　　　(補正後の図面のイメージデータを組み込みます。)

　　　【背面図】
　　　　　(補正後の図面のイメージデータを組み込みます。)

　　　【平面図】
　　　　　(補正後の図面のイメージデータを組み込みます。)

　　　【底面図】
　　　　　(補正後の図面のイメージデータを組み込みます。)

　　　【左側面図】
　　　　　(補正後の図面のイメージデータを組み込みます。)

　　　【右側面図】
　　　　　(補正後の図面のイメージデータを組み込みます。)

(h)　図面を図単位で補正する場合

　　例えば、図面の「【平面図】」のみを補正する場合は、以下のように作成します。

```
【書類名】　　　　　　　　　手続補正書
　　　　　　　　　　　　・・・・(省略)・・・・
【手続補正1】
　　【補正対象書類名】　　　図面
　　【補正対象項目名】　　　平面図
　　【補正方法】　　　　　　変更
　　【補正の内容】
　　　　【平面図】
　　　　　（補正後の図面のイメージデータを組み込みます。）
```

(i)　新たな図を追加する場合

　　例えば、新たな「【断面図】」を追加する補正を行う場合は、以下のように作成します。

```
【書類名】　　　　　　　　　手続補正書
　　　　　　　　　　　　・・・・(省略)・・・・
【手続補正1】
　　【補正対象書類名】　　　図面
　　【補正対象項目名】　　　断面図
　　【補正方法】　　　　　　追加
　　【補正の内容】
　　　　【断面図】
　　　　　（追加する図面のイメージデータを組み込みます。）
```

(j) 図を削除する場合

例えば、「【斜視図】」を削除する補正を行う場合は、以下のように作成
します。

```
【書類名】              手続補正書
                ・・・・(省略)・・・・
【手続補正1】
   【補正対象書類名】   図面
   【補正対象項目名】   斜視図
   【補正方法】         削除
```

(k) 図の表示（【○○図】）を補正する場合

例えば、図面の図の表示を「【背面図】」と記載すべきところ、「【裏面図】」
と記載したようなときに、その図の表示を訂正する補正を行う場合は、以
下のように作成します。なお、図の表示のみを補正することはできません。
補正すべき図の表示に係る図を削除して、新たに正しい図を追加する必要
があります。

```
【書類名】              手続補正書
                ・・・・(省略)・・・・
【手続補正1】
   【補正対象書類名】   図面
   【補正対象項目名】   裏面図
   【補正方法】         削除
【手続補正2】
   【補正対象書類名】   図面
   【補正対象項目名】   背面図
   【補正方法】         追加
   【補正の内容】
      【背面図】
         (図面のイメージデータを組み込みます。)
```

5．各種届出

(1) 氏名変更等の届出

　　出願後に、手続をした者がその氏名若しくは名称又は住所若しくは居所を変更したときは、特許庁長官に対して遅滞なくその旨を届け出なければなりません。

　　出願が特許庁に係属している間は、これら変更の手続を事件（出願等）ごとに行う必要はなく、1つの識別番号に対して各種変更届を提出することにより、一括して行うことができます。

　　具体的には、氏名（名称）を変更した場合は「氏名（名称）変更届」を、住所（居所）を変更した場合は「住所（居所）変更届」を提出します。各書類の作成要領は本書の付録（231頁）を参照してください。

　　これらの手続に際して特許庁へ納付すべき手数料はありません。また、名称、住所等の変更を証明する書類の添付は原則不要です（疑義が生じた場合には、提出が求められる場合があります。）。なお、これらの手続は指定特定手続ではありませんので、書面手続による電子化料は発生しません。

　　権利の設定登録後は識別番号による一括変更はできず、事件ごとに変更の手続を行う必要がある点に注意が必要です。登録後の手続については、特許庁ホームページ上に掲載されている「知的財産権制度説明会テキスト　産業財産権登録の実務」等に詳しく説明されていますので、ご参照ください。

(2) 代理人選任等の届出

　　出願後に、手続をした者が、代理人の選任若しくは変更又はその代理権の内容の変更若しくはその消滅を届け出るときは、「特施規様式第9」により所定の書類を作成します（意施規§19）。また、手続をした者の代理人が、上記内容を届け出るときは、「特施規様式第11」により所定の書類を作成します（意施規§19）。これらの手続はオンライン手続で行うことができます。また、代理人を選任又は変更した場合には、代理権を証明する書面を手続補足書（138

頁参照）にて提出します。

詳しくは特許庁ホームページ上に掲載の「出願の手続」を参照してください。

(3) **出願人名義変更の届出**

　　<u>出願中に</u>、意匠登録を受ける権利（43頁参照）を他人に譲渡する、あるいは相続や合併により意匠登録を受ける権利の主体が変わった場合には、特許庁長官へ「出願人名義変更届」を提出する必要があります。

　　これら意匠登録を受ける権利の承継には、「一般承継」と「特定承継」の2種類があります。一般承継には相続、法人の合併や会社分割などが該当します。特定承継には売買や贈与といった譲渡などが該当します。

　　一般承継の場合には、遅滞なくその旨を届け出ることで足りますが（意§15＝特§34⑤）、特定承継の場合には、権利の帰属関係を明確にするため、届出を行わないと承継の効力が発生しませんので注意が必要です（意§15＝特§34④）。

　　なお、関連意匠制度（103頁参照）を利用する場合、査定時及び設定登録時において、本意匠の意匠登録出願人と関連意匠の意匠登録出願人とが同一である必要があります。出願人名義変更届の提出にあたっては、ご注意ください。

① 　手続の方法

　(a)　出願人名義変更届は、「特施規様式第18」に従って作成します（意施規§19）。175頁の記載例も参考にしてください。一般承継の場合には特許庁へ納付すべき手数料はありませんが、特定承継の場合には特許庁へ所定の手数料（4,200円）を納める必要があります。手数料は改定される場合があります。

　(b)　出願人名義変更届には、「権利の承継を証明する書面」などの必要な書類を添付します。必要な書類は承継の種類によって異なります。例えば、譲渡の場合には譲渡証書など、相続の場合には戸籍謄本及び住民票や遺産分割協議書などが必要となります。なお、従来、法人合併等の場合には登記事項証明書の添付が必要でしたが、令和4年4月1日より、不要となりました。詳しくは、特許庁ホームページ上に掲載の「特許庁関係手続における登記事項証明書の添付の省略について」を参照してください。

また、意匠登録を受ける権利が共有に係る場合は、持分の譲渡に共有者の同意が必要となり、原則として同意書の添付が必要です。

176頁から「譲渡証書」、「同意書」及び「遺産分割協議書」の文例を示しますので参考にしてください。

(c) 出願人名義変更届はオンライン手続で行うことができます。なお、上記の「必要な書類」は、出願人名義変更届の提出の日から3日以内に手続補足書（138頁参照）によって提出する必要があります。

(d) その他、出願人名義変更届の記載要領や、権利の承継を証明する書面等の必要な書類についての詳細は、特許庁ホームページ上に掲載の「出願の手続」を参照してください。

多件一通方式について

　出願等の手続は、原則として、事件一件ごとに一通の書類を作成しなければなりません。ただし、**書面手続の場合に限り**、出願人名義変更等の所定の手続であって、同一法域内、同一手続者、同一手続内容の場合には、一通の書面で複数の事件に係る手続を行うことができます（多件一通方式）。

　この場合、「【事件の表示】」の欄には、「別紙のとおり」と記載し、別の用紙に「【別紙】」と記載して、当該手続に係る事件の表示を「、」を付して記載します。

　　＜記載例＞

　　　【別紙】

　　　　　　意願○○○○－○○○○○○、意願○○○○－○○○○○○、
　　　　　　意願○○○○－○○○○○○、意願○○○○－○○○○○○、

　なお、出願に係属中の事件について、指定特定手続（24頁参照）を書面手続にて、多件一通方式で行った場合には、各事件ごとに「電子化手数料」が必要となりますので、ご注意ください。オンライン手続による場合には、原則通り、事件一件ごとに一通の書類を作成します。

出願人名義変更届の記載例

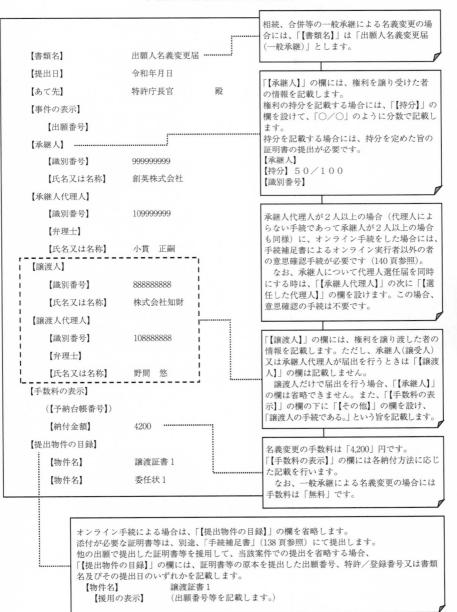

【書類名】	出願人名義変更届 ………

相続、合併等の一般承継による名義変更の場合には、「【書類名】」は「出願人名義変更届（一般承継）」とします。

【提出日】	令和年月日
【あて先】	特許庁長官　　　殿
【事件の表示】	
【出願番号】	
【承継人】 ………	
【識別番号】	999999999
【氏名又は名称】	創英株式会社

「【承継人】」の欄には、権利を譲り受けた者の情報を記載します。
権利の持分を記載する場合には、「【持分】」の欄を設けて、「○／○」のように分数で記載します。
持分を記載する場合には、持分を定めた旨の証明書の提出が必要です。
【承継人】
【持分】50／100
【識別番号】

【承継人代理人】	
【識別番号】	109999999
【弁理士】	
【氏名又は名称】	小貫　正嗣

承継人代理人が2人以上の場合（代理人によらない手続であって承継人が2人以上の場合も同様）に、オンライン手続をした場合には、手続補足書によるオンライン実行者以外の者の意思確認手続が必要です（140頁参照）。
　なお、承継人について代理人選任届を同時にする時は、「【承継人代理人】」の次に「【選任した代理人】」の欄を設けます。この場合、意思確認の手続は不要です。

【譲渡人】	
【識別番号】	888888888
【氏名又は名称】	株式会社知財
【譲渡人代理人】	
【識別番号】	108888888
【弁理士】	
【氏名又は名称】	野間　悠

「【譲渡人】」の欄には、権利を譲り渡した者の情報を記載します。ただし、承継人（譲受人）又は承継人代理人が届出を行うときは「【譲渡人】」の欄は記載しません。
　譲渡人だけで届出を行う場合、「【承継人】」の欄は省略できません。また、「【手数料の表示】」の欄の下に「【その他】」の欄を設け、「譲渡人の手続である。」という旨を記載します。

【手数料の表示】	
（【予納台帳番号】）	
【納付金額】	4200

名義変更の手数料は「4,200」円です。
「【手数料の表示】」の欄には各納付方法に応じた記載を行います。
　なお、一般承継による名義変更の場合には手数料は「無料」です。

【提出物件の目録】	
【物件名】	譲渡証書1
【物件名】	委任状1

オンライン手続による場合は、「【提出物件の目録】」の欄を省略します。
添付が必要な証明書等は、別途、「手続補足書」（138頁参照）にて提出します。
他の出願で提出した証明書等を援用して、当該案件での提出を省略する場合、
「【提出物件の目録】」の欄には、証明書等の原本を提出した出願番号、特許／登録番号又は書類名及びその提出日のいずれかを記載します。
　　【物件名】　　　　　　譲渡証書1
　　　【援用の表示】　　　（出願番号等を記載します。）

第5章

譲渡証書の文例

譲　渡　証　書

令和　年　月　日

譲受人

住　　所（居所）　東京都千代田区丸の内▲－□

名　　称（名称）　●●株式会社

代表者　　　　　長谷川　芳樹　　殿

　　譲渡人

　　住　　所（居所）京都府京都市中京区□－▲

　　名　　称（名称）株式会社■■

　　代表者　　　　　土田　裕介　　　印

　下記の意匠に関する意匠登録を受ける権利を貴殿に譲渡し
たことに相違ありません。

記

1　意匠登録出願の番号　意願２０２２－◇◇◇◇◇◇◇

2　意匠に係る物品　　　◆◆◆

譲渡証書の住所や名称等の表記は、公簿
（登記簿等）どおり、正確に記載します。
住所表記を識別番号の代用により省略す
ることはできません。

譲渡人の「住所（居所）」は省略でき
ません。
　譲渡人が法人であるときは「代表者」
の記載が必要です。

印は、「実印」又は「実印により証明可能な法
人の代表者印」を押印します。押印について
の詳細は、181頁を参照してください。

権利の一部を譲渡（権利を共有）する場
合は、なるべく次の文例により譲渡証書
を作成します。

＜権利の持分の定めがない場合＞
「下記の意匠に関する意匠登録を受ける
権利の一部を貴殿に譲渡したことに相違
ありません。」

＜権利の持分の定めがある場合＞
「下記の意匠に関する意匠登録を受ける
権利の２分の１を貴殿に譲渡したことに
相違ありません。」

＜共有者に持分を譲渡する場合＞
「下記の意匠に関する意匠登録を受ける権
利の持分の全てを貴殿に譲渡したことに相
違ありません。」

同意書の文例

同　意　書

令和　年　月　日

住　所　京都府京都市中京区□－▲

名　称　株式会社■■

代表者　土田　裕介　殿

住　所　福岡県福岡市博多区■－△

名　称　★★株式会社

代表者　石坂　泰紀　　　印

　下記の意匠に関する意匠登録を受ける権利の貴殿の持分を●●株式会社に譲渡することに同意します。

記

1　意匠登録出願の番号　意願２０２２－◇◇◇◇◇◇

2　意匠に係る物品　　　◆◆◆

共同出願の場合、各出願人が自分の持分を譲渡する場合には他の出願人の同意が必要となります。
したがって、所定の事項を記載した「同意書」を提出します。

(例)
　A：株式会社■■
　B：★★株式会社の共同出願の場合

AがC（●●株式会社）にAの持分を譲渡する場合には、Bの同意書が必要です。

譲渡人の住所や名称等を記載します。

同意者の住所や名称等を記載し、押印します。
いずれも省略することはできません。
印は、「実印」又は「実印により証明可能な法人の代表者印」を押印します。
押印についての詳細は、181頁を参照してください。

第5章

遺 産 分 割 協 議 書

令和　　年　　月　　日

1　意匠登録出願の番号　　　　　意願○○○○－○○○○○○

　　上記の意匠登録を受ける権利は、令和　　年　　月　　日何某の死亡により開始した相続につき、下記共同相続人の相続財産に属するものであるが、当該意匠登録を受ける権利に関する限り、誰々に取得せしめるべく、民法第907条の規定による遺産分割の協議をしたことに相違ありません。

　　よって、これを証するため、各相続人が記名捺印した。

記

被相続人　住所（居所）

　　　　　氏名

相続人（続柄）住所（居所）

　　　　　　氏名　　　　　　　　　　　　　　　　　　　㊞

相続人（続柄）住所（居所）

　　　　　　氏名　　　　　　　　　　　　　　　　　　　㊞

相続人（続柄）住所（居所）

　　　　　　氏名　　　　　　　　　　　　　　　　　　　㊞

※印は、「実印」を押印します。押印についての詳細は、181頁を参照してください。

(4) 出願の取下げ、放棄

　出願人は、出願が特許庁に係属している間は、出願の取下げ又は放棄をすることができます。出願の取下げとは、出願手続の撤回の意思表示です。出願の放棄とは、意匠登録を受ける権利の放棄の意思表示です。現行法では、両手続の法律的効果に差はありません。

　出願の取下げ又は放棄の手続は、いわゆる不利益行為にあたりますので共同出願の場合には、出願人全員で手続を行わなければなりません（意§68＝特§14）。

　これらの手続はオンライン手続で行うことができます。委任による代理人が当該手続を行う場合には、出願人から特別の授権を得ていることを、特許庁に対して委任状により証明する必要があります（28頁参照）。

　「出願取下書」は「特施規様式第40」に、「出願放棄書」は「特施規様式第38」に従って作成します（意施規§19）。

第5章

出願取下書の様式

```
【書類名】　　　　　　　　出願取下書
【提出日】　　　　　　　　令和　　年　　月　　日
【あて先】　　　　　　　　特許庁長官　　　　　殿
【事件の表示】
　　【出願番号】
【意匠登録出願人】
　　【識別番号】
　　【住所又は居所】
　　【氏名又は名称】
【代理人】
　　【識別番号】
　　【住所又は居所】
　　【弁理士】
　　【氏名又は名称】
```

注1　記載要領は「願書の様式（31頁）」等を参照してください。

出願放棄書の様式

```
【書類名】              出願放棄書
【提出日】              令和    年    月    日
【あて先】              特許庁長官        殿
【事件の表示】
    【出願番号】
【意匠登録出願人】
    【識別番号】
    【住所又は居所】
    【氏名又は名称】
【代理人】
    【識別番号】
    【住所又は居所】
    【弁理士】
    【氏名又は名称】
```

注1　記載要領は「願書の様式（31頁）」等を参照してください。

押印・署名に関する特許庁の運用の変更について

　令和２年12月28日に公布・施行された「押印を求める手続の見直し等のための経済産業省関係省令の一部を改正する省令」をはじめとする一連の改正により、特許庁では、庁提出書面について原則的に押印・署名を要求しないことになりました。これにより、代理人選任（委任状）や新規性喪失の例外適用をはじめとする多くの手続（764種類）で、証明書や手続書面への押印・署名が不要となりました。

　一方で、偽造による被害が大きい手続に係る書面（33種）については、引き続き、押印・署名が必要となり、さらには本人確認のための要件が加重されていますので、注意が必要です。

＜押印・署名が不要とされた手続のポイント＞
・多くの特許庁提出書面において、押印・署名が不要となりました。
・委任状等の証明書類では、証明者の氏名等をタイプ印字すれば、原則、真正なものとして受理されます。
・従来通り、押印・署名を付して手続をしても有効な手続として取り扱われます。
・押印・署名は不要となりましたが、証明書類は「原本」の提出が必要です。
　（押印・署名がされた証明書類の「写し」を提出しても受理されませんのでご注意ください。ただし、令和４年９月26日より「委任状」については、写しの提出が可能となりました。）
・識別ラベルの公布も令和２年12月をもって終了されました。

＜押印・署名が存続される手続のポイント＞
・出願係属中の権利に関する手続書面（８種）と特許権等の移転登録に関する手続（25種）が対象です。
　（例えば、権利の承継を証明する書面（譲渡証書）、持分証明書、会社分割承継証明書などです。）
・対象となる書面には「実印」又は「実印により証明可能な法人の代表者印」の押印が必要となり、
　「印鑑証明書」（発行日から３月以内）の提出が原則として求められます。
・実印により証明可能な法人の代表者印を使用する場合は、「実印による証明書」も必要です。
・一度、印鑑証明書や実印による証明書を特許庁へ提出すれば、実印等に変更がない限り、手続の都度の提出は不要です。
・署名の場合、別途「署名の本人確認措置」が求められます。

　詳細は、特許庁ホームページ上に掲載されている「特許庁関係手続における押印の見直しについて」や「出願の手続」などをご参照ください。

第５章

第6章

出願中の手続等

第6章

1. 出願の審査等について

　わが国の意匠制度では、方式的な要件を満たした、すべての意匠登録出願について、特許庁の審査官による実体的な審査が行われます。特許制度のように出願審査の請求を行う必要はありません。出願から審査官による審査結果の最初の通知までには、平均で5〜7月程度かかります。

　なお、意匠制度においては、「出願公開」、「情報提供」、「手数料等の減免」といった制度はありません。

(1)　審査の着手状況について

　①　特許庁ホームページでは、「意匠審査のスケジュール」を公開しています。具体的には、特定の出願年月に出願された意匠登録出願の審査時期について、意匠分類ごとに示しています。提供されている情報は、あくまでも目安であり、着手が保証されているものではありませんが、見通しを把握することができます。

　②　また、意匠登録出願について、審査着手後の状況を知りたい場合には、「審査状況伺書」を提出することで、特許庁より郵送にて回答を受領することもできます。この伺書の提出ができるのは、意匠登録出願人又はその代理人です。詳しくは、特許庁ホームページ上の「意匠審査着手状況の問い合わせについて」をご参照ください。

(2)　早期審査

　権利化について緊急性を要する実施に関連する出願や、日本だけでなく外国の特許庁等へ出願を行っている意匠についての意匠登録出願の場合には、一定の条件のもと、早期審査の申出の手続を行うことができます。

　早期審査の申出は「早期審査に関する事情説明書」の提出によって行います。

　詳しくは、特許庁ホームページ上に掲載されている「意匠登録出願等の手続のガイドライン」を参照してください。

2. 拒絶理由通知

　審査官が出願を審査し、登録の要件を備えていないものであると認めると、拒絶すべき理由を示して出願人に通知します（意§19＝特§50）。これを「拒絶理由通知」といいます。拒絶理由には、例えば、新規性や創作非容易性がないといった場合や、先願主義違反の場合などが該当します（意§17）。

　出願人には、意見を述べたり、願書の記載や図面等を補正して応答することで、拒絶理由を解消する機会が与えられています。

(1)　応答のための期間
①　指定期間
　　拒絶理由通知では、審査官が応答のための期間を指定します（指定期間）。この指定期間は、拒絶理由通知書の発送の日から、国内居住者の場合通常40日、在外者の場合通常3月です。ただし、この期間は変更されることがあります。通知書に記載されている期間を確認し、しっかりと期限管理を行うことが重要です。

②　指定期間の延長
　　指定期間内に対応できない場合には、指定期間を延長することができます（意§68＝特§5）。延長にあたっては、所定の「期間延長請求書」の提出と手数料の納付が必要です。なお、請求のための理由の記載は不要です。

　(a)　指定期間内に行う期間延長請求
　　　出願人が国内居住者及び在外者である場合のいずれも、1通の請求で2月の期間延長が認められます。手数料は2,100円です。

　(b)　指定期間経過後に行う期間延長請求
　　　指定期間経過後であっても、当該指定期間の末日の翌日から2月以内に請求をすれば、出願人が国内居住者及び在外者である場合のいずれも、1通の請求で2月の期間延長が認められます（延長される期間は、請求の日から2月ではなく、指定期間の末日の翌日から2月です。）。手数料は7,200

円です。ただし、当初の指定期間内又は指定期間内に延長請求した場合の延長された指定期間内に意見書を提出したときは、指定期間経過後の期間延長請求はできません。

(2) **出願人の対応**

① 意見書の提出（意§19＝特§50）

出願人は、拒絶理由通知に対して意見があるときは、指定期間内に「意見書」を提出することができます。意見書では、例えば、出願が拒絶理由に該当しない旨や、後述の手続補正書の提出によって拒絶理由が解消した旨などを主張することができます。意見書は、「意施規様式第11」に従って作成します。

意見書の様式

【書類名】	意見書
【提出日】	令和　　年　　月　　日
【あて先】	特許庁審査官　　　　　　　殿
	（特許庁審判長　　　　　　殿）
【事件の表示】	
【出願番号】	
【意匠登録出願人】	
【識別番号】	
【住所又は居所】	
【氏名又は名称】	
【代理人】	
【識別番号】	
【住所又は居所】	
【弁理士】	
【氏名又は名称】	
【発送番号】	

【意見の内容】
【証拠方法】
【提出物件の目録】

　意見書の作成要領は次の通りです。

(a)　書き方、文字、提出日、識別番号等についての記載要領は、出願の願書や手続補正書等の場合と同様です（31頁、147頁参照）。

(b)　「【あて先】」の欄は、拒絶理由通知が特許庁審査官による場合は「特許庁審査官殿」、特許庁審判長による場合は「特許庁審判長殿」とします。

(c)　審判に係属中の場合は、「【意匠登録出願人】」を「【審判請求人】」とします。

(d)　「【発送番号】」の欄には、拒絶理由通知書等に記載された発送の番号を記載します。

(e)　「【意見の内容】」の欄には、意見を、論点をふまえた上で平易かつ明瞭に記載します。また、この欄には意見を補足するための意匠（引例意匠等）等のイメージデータを組み込むことができます。この場合、イメージを組み込む行と同じ行には、他のイメージデータや文字を入力することはできません。

　イメージデータは横154mm、縦246mmを越えないようにする必要があります。イメージデータ作成やHTML文書への組み込み等の詳細については「インターネット出願ソフト操作マニュアル」等に説明されていますので、ご参照ください。

(f)　「【証拠方法】」の欄には、「【意見の内容】」の欄で述べている内容を、公報、辞典等の物件を証拠方法として補充する場合に記載することができます。

(g)　「【提出物件の目録】」の欄は、「【意見の内容】」又は「【証拠方法】」の欄で述べている物件であって、イメージデータとして提出するときは、以下のように記載します。イメージデータは横154mm、縦246mmを越えないようにする必要があります。

第6章

<記載例（2以上の物件を提出するとき）>
【提出物件の目録】
　　【物件名】　意匠登録第○○○号意匠公報写し　1
　　【物件名】　○○○辞典写し　1
【添付物件】
　　【物件名】意匠登録第○○○号意匠公報写し
　　【内容】
　　　　（イメージデータを組み込みます。）
　　【物件名】○○○辞典写し
　　【内容】
　　　　（イメージデータを組み込みます。）

② 手続補正書の提出（意§60の24）

　出願人は、必要な場合には手続補正書を提出し、願書の記載や図面等を補正することができます。具体的な手続方法については、161頁を参照してください。

③ 分割出願（意§10の2）

　出願人は、出願の分割をすることができます。例えば、一意匠一出願に違反する拒絶理由を解消する場合などに有効です。分割出願については126頁を参照してください。

④ 変更出願（特§46、実§10）

　出願人は、意匠登録はされないが、特許又は実用新案として登録されると考えられるものであれば、意匠登録出願を特許出願又は実用新案登録出願に変更することができます。この場合、もとの意匠登録出願は**取り下げた**ものとみなされます。これら変更出願には時期的制限等があります。詳細は、特許庁ホームページ上に掲載されている「意匠登録出願等の手続のガイドライン」等を参照してください。

3．補正の却下の決定

「願書の記載」又は「願書に添付した図面等」についてした補正が、これらの要旨を変更するものである場合には、その補正は決定をもって**却下**されます（以下、「補正の却下の決定」といいます。）（意§17の２）。出願当初に記載した意匠の内容を、何ら制限なく補正ができると、先願主義に反し、また第三者の不利益を招くためです。

出願人は、この補正の却下の決定に対して、以下のような対応のうち１つを選択することができます。

⑴　補正却下決定不服審判の請求

補正の却下の決定に対して不服があるときは、当該決定の謄本の送達があった日から３月以内に「補正却下決定不服審判」の請求をすることができます（意§47）。ただし、補正却下後の新出願（意§17の３）を行った場合は除きます。

①　手続の方法

補正却下決定不服審判の請求は、「審判請求書」を提出することにより行います。審判請求書は「意施規様式第12」に従って作成します。

補正却下決定不服審判についての審判請求書の様式

```
【書類名】          審判請求書
【提出日】          令和　　年　　月　　日
【あて先】          特許庁長官　　　　　殿
【審判事件の表示】
　　【出願番号】
　　【審判の種別】    補正却下決定不服審判事件
【審判請求人】
　　【識別番号】
　　【住所又は居所】
```

```
      【氏名又は名称】
【代理人】
    【識別番号】
    【住所又は居所】
    【弁理士】
    【氏名又は名称】
【手数料の表示】
    (【予納台帳番号】)
    【納付金額】
【請求の趣旨】
【請求の理由】
【証拠方法】
【提出物件の目録】
```

(a) 文字、提出日、識別番号等についての記載要領は、出願の願書や手続補正書等の場合と同様です（31頁、147頁参照）。

(b) 「【審判の種別】」の欄には「補正却下決定不服審判」と記載します。

(c) 「【審判請求人】」の欄には共同出願の場合、出願人全員を記載します。

(d) 「【手数料の表示】」の欄には料金の納付方法に応じて、納付すべき審判請求手数料の額等を記載します。各納付方法による記載要領は38頁を参照してください。審判請求手数料は1件あたり55,000円です。手数料は改定されることがありますのでご注意ください。

(e) 「【請求の趣旨】」の欄には、例えば、「意願○○○○-○○○○○○について、令和○○年○○月○○日付でした補正に対して、令和○○年○○月○○日付になした補正の却下の決定を取り消す、との審決を求める。」のように記載します。

(f) 「【請求の理由】」の欄には、「1. 手続の経緯」、「2. 決定の理由の要点」、「3. 本願意匠の説明と補正の説明」、「4. 要旨変更に係る争点の説明」、「5. 補正の根拠及び要旨の変更でない旨の説明」、「6. むすび」のように欄を設けて記載します。

(g) 「【証拠方法】」の欄は、証拠を提出する場合にのみ記載します。

(h) 委任による代理人が当該手続を行う場合には、出願人から特別の授権を得ていることを、特許庁に対して委任状により証明する必要があります（28頁参照）。

(i) その他詳細については、特許庁ホームページ上に掲載されている「知的財産権制度説明会（実務者向け）講演資料　審判制度の概要と運用」や「インターネット出願ソフト操作マニュアル」等を参照してください。

(2) 手続補正書の再提出

拒絶理由通知又は補正命令に基づく補正が却下されたときは、補正の却下の決定の謄本の送達があった日から3月以内に、拒絶理由を解消する手続補正書又は適式の手続補正書を提出することができます。

(3) 補正の却下の決定に対して応答しない

出願人は、補正の却下の決定に対して上記の対応をとらず、そのまま放置するという対応を取ることもできます。補正の却下の決定が確定すると、その補正前の当該意匠登録出願について審査や査定がなされます。

なお、補正命令に対する補正についての補正の却下の決定に対して、出願人が応答しない場合は、その**意匠登録出願は却下**されます（意§68＝特§18①）。ご注意ください。

(4) 補正却下後の新出願

出願人は、補正の却下の決定の謄本の送達があった日から3月以内に、補正後の意匠について、「補正却下後の新出願」をすることができます（意§17の3）。もとの意匠登録出願は**取り下げた**ものとみなされます。補正却下後の新出願については133頁を参照してください。

第6章

4. 拒絶査定不服審判

　拒絶理由通知に対して応答を行わない場合や、意見書や補正書を提出しても、拒絶理由が解消していないと認められた場合には、審査官は拒絶査定を行います。出願人は、拒絶査定に対して不服がある場合、「拒絶査定不服審判」の請求をすることができます（意§46）。審判の審理は3人又は5人の審判官の合議体により行われ、拒絶査定の支持、不支持が判断されます。合議体が、拒絶査定を支持できると判断した場合には、「請求不成立」の拒絶審決が、支持できないと判断した場合には、「請求成立」の登録審決がそれぞれ出されます。

(1) 請求人
　「拒絶査定を受けた者」である出願人が、拒絶査定不服審判の請求をすることができます。共同出願の場合には、出願人全員で共同して審判の請求をする必要があります（意§52＝特§132③）。また、代理人による手続の場合には、代理人は特別の授権を得ている必要があります。

(2) 請求をすることができる期間
　拒絶査定不服審判の請求は、拒絶査定の謄本の送達があった日から3月以内に行います（意§46）。この期間内に請求をしない場合には、原則として拒絶査定が確定し、以後、不服を申し立てることはできません。拒絶査定謄本を受領したら、しっかりと期限管理を行うことが重要です。

(3) 手続の方法
① 審判請求書
　拒絶査定不服審判の請求は、「審判請求書」を提出することにより行います。審判請求書は意施規様式第12に従って作成します。

拒絶査定不服審判についての審判請求書の様式

【書類名】　　　　　　審判請求書

【提出日】　　　　　　令和　　年　　月　　日

【あて先】　　　　　　特許庁長官　　　　　殿

【審判事件の表示】

　　【出願番号】

　　【審判の種別】　　拒絶査定不服審判事件

【審判請求人】

　　【識別番号】

　　【住所又は居所】

　　【氏名又は名称】

【代理人】

　　【識別番号】

　　【住所又は居所】

　　【弁理士】

　　【氏名又は名称】

【手数料の表示】

　　（【予納台帳番号】）

　　【納付金額】

【請求の趣旨】

【請求の理由】

【証拠方法】

【提出物件の目録】

第6章

(a)　文字、提出日、識別番号等についての記載要領は、出願の願書の場合と同様です（31頁参照）。

(b)　「【審判の種別】」の欄には「拒絶査定不服審判事件」と記載します。

(c) 「【審判請求人】」の欄には共同出願の場合、出願人全員を記載します。

(d) 「【手数料の表示】」の欄には料金の納付方法に応じて、納付すべき審判請求手数料の額等を記載します。各納付方法による記載要領は38頁を参照してください。審判請求手数料は1件あたり55,000円です。手数料は改定されることがありますのでご注意ください。

(e) 「【請求の趣旨】」の欄には、例えば、「原査定を取り消す。本願の意匠は登録すべきものとする、との審決を求める。」のように記載します。

(f) 「【請求の理由】」の欄には、「1. 手続の経緯」、「2. 拒絶査定の要点」、「3. 立証の趣旨」、「4. 本願意匠が登録されるべき理由」、「5. むすび」のような欄を設けて記載します。

(g) 「【証拠方法】」の欄は、証拠を提出する場合にのみ記載します。

(h) 委任による代理人が当該手続を行う場合には、出願人から特別の授権を得ていることを、特許庁に対して委任状により証明する必要があります(28頁参照)。

(i) その他詳細については、特許庁ホームページ上に掲載されている「知的財産権制度説明会（実務者向け）講義資料 審判制度の概要と運用」や「インターネット出願ソフト操作マニュアル」等を参照してください。

(4) その他

① 分割出願（意§10の2）

出願人は、審判の係属中に、出願の分割をすることができます。例えば、一意匠一出願に違反する拒絶理由を解消する場合などに有効です。分割出願については126頁を参照してください。

② 変更出願（特§46、実§10）

出願人は、意匠登録はされないが、特許又は実用新案として登録されると考えられるものであれば、意匠登録出願を特許出願又は実用新案登録出願に変更することができます。この場合、もとの意匠登録出願は取り下げたものとみなされます。これら変更出願には時期的制限等があります。詳細は、特許庁ホームページ上に掲載されている「意匠登録出願等の手続のガイドライン」等を参照してください。

5．登録査定と設定登録料の納付

　審査官は、意匠登録出願について審査し、拒絶の理由を発見しないときは、登録査定をし（意§18）、その謄本が出願人に送達されます（意§19＝特§52②）。また、出願人が拒絶査定不服審判を行い、請求の理由が認められた場合には、意匠登録をすべき旨の審決（登録審決といいます。）の謄本が出願人に送達されます（意§52＝特§157③）。

　ここで意匠権の設定の登録を受ける者は、後述の期間内に第1年分の登録料（設定登録料）を納付する必要があります。適法な設定登録料の納付があると、特許庁の意匠登録原簿へ設定の登録がされ、意匠権が発生します（意§20②）。

　設定登録料を納付すべき期間内に納付手続が行われなかったときは、特許庁長官はその**意匠登録出願を却下することができます**（意§68＝特§18①）。登録査定又は登録審決を受領したら、しっかりと期限管理を行うことが重要です。

　なお、第2年以降も意匠権を存続させる場合には、第2年以降の各年分の登録料を所定の期間内に納付する必要があります。詳しくは201頁を参照してください。

(1)　納付期間

　設定登録料の納付期間は、登録査定又は登録審決の謄本の送達があった日から30日以内です。

　この期間は、納付すべき者の請求により30日以内に限って、延長することができます（意§43③）。延長にあたっては、所定の「期間延長請求書」の提出と手数料（2,100円）の納付が必要です。手数料は改定される場合があります。

(2)　設定登録に係る登録料

①　意匠権の設定の登録を受ける者は第1年分の登録料を納付する必要があります。なお、第2年以降の登録料を併せて納付することも可能です。

②　納付すべき登録料の額は、以下のとおりです。

＜登録料＞
- 第1年から第3年　　　　　毎年　8,500円
- 第4年から第25年　　　　毎年　16,900円

③　登録料については、本書の付録の「産業財産権関係料金一覧」も参照してください。

④　特許庁ホームページには「手続料金計算システム」がありますので、計算の際、活用することができます。

⑤　なお、登録料は改定されることがありますので、ご注意ください。

⑶　**秘密意匠の請求**

設定登録料の納付と同時に「秘密意匠の請求」をすることができます（意§14②）。秘密意匠制度の詳細は115頁を参照してください。

⑷　**手続の方法**

設定登録料の納付は、「意匠登録料納付書」を提出することにより行います。意匠登録料納付書は「特例施規様式第22」に従って作成します。秘密意匠の請求を併せて行う場合には、117頁〜118頁の記載も参照してください。

意匠登録料納付書の様式（設定登録時）

```
【書類名】              意匠登録料納付書

【提出日】              令和    年    月    日

【あて先】              特許庁長官        殿

【出願番号】

【意匠登録出願人】

　　【氏名又は名称】

【納付者】

　　【識別番号】

　　【住所又は居所】

　　【氏名又は名称】

(【秘密にすることを請求する期間】　○年○月)

【納付年分】               第１年分から第　年分

【登録料の表示】

　　(【予納台帳番号】)

　　【納付金額】
```

第6章

　意匠登録料納付書の作成要領は次の通りです。

①　書き方、文字、提出日、識別番号等についての記載要領は、出願の願書の場合と同様です（31頁参照）。

②　「【出願番号】」の欄は、「意願○○○○—○○○○○○」とします。

③　「【意匠登録出願人】」の欄には、意匠登録出願人の氏名又は名称を正確に記載します。

④　「【納付者】」の欄には、登録料の納付をする者に関する情報を記載します。

⑤　「【納付年分】」の欄には、「第１年分」のように記載します。第２年分以降の登録料も納付する場合には、納付する年分までの数字を記載します。

⑥秘密意匠の請求をあわせて行う場合には、「【秘密にすることを請求する期

間】」の欄を設けて、最大３年間の期間を年又は月単位で記載します。

⑦　「【登録料の表示】」の欄について

　(a)　料金の納付方法に応じて、納付すべき登録料の額等を記載します。各納付方法による記載要領は38頁を参照してください。

　(b)　秘密意匠の請求をあわせて行う場合には「秘密にすることを請求する手数料」として、5,100円を所定の登録料と合算した金額を記載します。

(5)　その他

① 包括納付制度

　設定登録料の納付については「包括納付制度」を活用することもできます。この制度では予め手続を行うことで、所定の要件を満たす出願について、自動的に設定登録料の納付を行うことができます。詳細は252頁を参照してください。

　ただし、設定登録料の納付時に秘密意匠の請求をする場合には、包括納付制度を利用することはできません。登録査定謄本送達後10日以内に「包括納付援用制限届」を提出し、同謄本の送達から30日以内に秘密意匠の請求をした意匠登録料納付書を提出する必要があります。ご注意ください。

第7章

意匠権とその保護

第7章

1. 意匠権の発生と年金の納付

　適法な設定登録料の納付（195頁参照）があると、特許庁に備えられている意匠登録原簿に「意匠権の設定の登録」が行われます。意匠権は「設定の登録があった日（以下、登録日といいます。）」から発生します。また、この際に「意匠登録番号」が付与され、以後、特許庁への手続も意匠登録番号を示して行います。

　意匠登録原簿には、設定登録後、権利の変動等の記録事項が登録されていきます。その内容については閲覧や交付を受けることができます（所定の手数料がかかります。）。意匠登録原簿の見本は205頁を参照してください。

(1) 意匠登録証の交付

　意匠権の設定の登録を受けた者は意匠権者となります。意匠権者には、設定の登録がされた旨の通知をかねて、意匠登録番号、登録日等が記載された「意匠登録証」が交付されます（意§62）。意匠登録証の見本は206頁を参照してください。なお、意匠登録証の発送は「設定登録料の納付者あて」に行われますのでご注意ください。

　意匠登録証そのものは、意匠登録を受けたことを単に表示する性質のものです。意匠登録証がない場合に意匠権者であることを主張できなくなるようなものではありません。また、意匠登録証自体を譲渡しても、意匠権を譲渡したことにはなりません。

　なお、意匠登録証の交付を受けた者は、意匠登録証を失ったときなど、所定の場合に再交付を請求することができます。

(2) 意匠公報の発行

　意匠権の設定の登録があった場合、特許庁は「意匠公報」を発行します。意匠公報には、意匠権者の氏名等、意匠登録番号、登録日、意匠の内容などが掲載され、意匠登録出願及び意匠権に関して必要な事項が、広く一般に公示されます（意§20③、意§66）。意匠公報の見本は208頁を参照してください。

なお、「秘密意匠の請求」（115頁参照）をしている場合は、意匠公報には、その意匠権に関する意匠権者の氏名等、意匠登録番号、登録日といった書誌的事項のみが掲載されます。その他意匠の内容に関する事項は、秘密期間の経過後に改めて発行される意匠公報に掲載されます。

設定の登録から意匠公報の発行までの期間は２週間程度です。意匠公報に関する詳細は、特許庁ホームページ上に掲載されている「公報発行案内」「公報に関して：よくあるご質問」や「公報発行予定表」等をご確認ください。

(3) 存続期間

意匠権の存続期間は、出願日から25年をもって終了します（意§21①）。平成19年４月１日から令和２年３月31日までに出願された意匠権の場合は、登録日から20年をもって終了します。平成19年３月31日までに出願された意匠権の場合は、登録日から15年をもって終了します。分割出願（126頁）、変更出願（129頁）のように、原出願の時に出願したものとみなされる出願については、原出願日をもとに判断されます。

また、関連意匠の意匠権の存続期間は、**その基礎意匠の出願日から**25年をもって終了します。ご注意ください。

意匠権は永続的な権利ではありません。第２年以降は所定の登録料（以下、年金ともいいます。）を納付することにより権利を維持することができますが、出願日から25年を越えることはできません。存続期間の満了や登録料不納により意匠権が消滅した後は、第三者は自由にその意匠及びこれに類似する意匠を実施することができます（他に意匠権が存在する場合は除きます。）。

(4) 年金の納付

意匠権を維持するためには、維持を希望する各年分の登録料（年金）を、所定の期間内に納付する必要があります。意匠権の場合、設定登録にあたり第１年分の登録料の納付が必須ですので、第２年以降の年金を管理していきます。第２年以降の各年分の年金は、毎年１年分ずつ、数年分または全年分を一括で納付してもかまいません。

① 年金の納付期限

(a) 第2年以降の年金の納付期限は意匠権の設定登録日の翌日を起算日として納付済年分の末日までとなります。

関連意匠の意匠権の場合であっても、「年金の納付期限」は、**関連意匠の意匠権の設定登録日**をもとに計算します。

意匠登録証に同封されている「意匠登録料の納付について」の書面（207頁）には、納付済み年分以降の登録料納付期限日の一覧が記載されていますので、期限管理にあたって活用されるとよいでしょう。納付期限が迫っても、特許庁からの通知等はありませんので、しっかりと期限管理をすることが重要です。

(b) 上記の納付期限の経過後であっても、その経過から6月の「追納期間内」であれば、納付すべき登録料と同額の**「割増登録料」をあわせて納付する**ことを条件に、年金を追納し、意匠権を維持することができます（意§44①、②）。

(c) 上記の追納期間内に年金を納付しなかった場合は、意匠権はすでに納付した年分の期間の末日にさかのぼって**消滅したものとみなされます**（意§44④）。ご注意ください。

(d) 上記の追納期間内においても登録料及び割増登録料を納付することができなかったことについて「正当な理由」があるときは、その理由がなくなった日から2月以内で、上記追納期間の経過後1年以内に限り、登録料及び割増登録料を追納することができるという救済規定が設けられています（意§44の2）。ただし、正当な理由に該当して救済規定の適用の対象となるかどうかは個別具体的に判断されます。救済規定をあてにはせず、確実に上記の年金納付期限までに登録料の納付を行うように心がけてください。なお、特許庁ホームページ上には「期間徒過後の救済規定にかかるガイドライン」が掲載されています。

② 第2年以降の登録料

第2年以降に納付すべき登録料の額は、出願の時期によって異なります。納付にあたってはご注意ください。

<登録料>
- 第1年から第3年　　　　毎年　8,500円
- 第4年から第25年　　　　毎年　16,900円

(a) 登録料については、本書の付録の「産業財産権関係料金一覧」も参照してください。

(b) 特許庁ホームページには「手続料金計算システム」がありますので、計算の際、活用することができます。

(c) なお、登録料は改定されることがありますので、ご注意ください。

③ 年金納付の手続

　　第2年以降の年金の納付は「意匠登録料納付書」を提出することにより行います。登録料納付書は「特例施規様式第23」に従って作成します。

意匠登録料納付書の様式（設定登録後）

```
【書類名】　　　　　　　意匠登録料納付書
【提出日】　　　　　　　令和　　年　　月　　日
【あて先】　　　　　　　特許庁長官　　　　　殿
【意匠登録番号】
【意匠権者】
　　【氏名又は名称】
【納付者】
　　【識別番号】
　　【住所又は居所】
　　【氏名又は名称】
【納付年分】　　　　　　第　年分から第　年分
【登録料の表示】
　　（【予納台帳番号】）
　　【納付金額】
```

第7章

年金の納付についての意匠登録料納付書の作成要領は次の通りです。

(a) 書き方等の記載要領は、設定登録時の意匠登録料納付書の場合と基本的に同様です（197頁参照）。

(b) 「【意匠登録番号】」は、「意匠登録第○○○○○○号」のように記載します。

(c) 「【意匠権者】」の欄には、意匠権者の氏名又は名称を正確に記載します。

(d) 「【納付年分】」は、第2年分以降の単年分を納付するときは「第2年分」のように記載し、複数年分をまとめて納付するときは、例えば「第2年分から第5年分」のように記載します。

④ その他

(a) 各年分の年金の納付があったときは、意匠登録原簿の「登録料記録部」にその旨が記録され、納付者に対して「領収書」が送付されます。

(b) 自動納付制度

年金の納付については「自動納付制度」を活用することもできます。この制度では予め手続を行うことで、個別に意匠登録番号を特定したものについて、毎年自動的に年金の納付を行うことができます。詳細は257頁を参照してください。

(c) 特許庁では、登録料等の納付時期の徒過による権利失効の防止を目的に「特許（登録）料支払期限通知サービス」を提供しています。詳細は特許庁ホームページをご参照ください。

一部サービス対象外の期限等もありますので、注意が必要です。

（意匠登録原簿の見本）

意匠登録　第２２２２２２２号

意

第 一 表 示 部				
表示番号 （付記）	登 録 事 項			
1 番	出願年月日	平成２０年　１月２２日	出願番号	２００８－００２２２２
	査定年月日	平成２０年１０月　１日		
		（当該意匠権が部分意匠である場合、「部分意匠」と記録）		
	優先権主張	国名	アメリカ合衆国	
		出願年月日	２００８年１０月１２日	件数　　○
	関連意匠の関係 当該意匠権が関連 意匠の場合に記録	本意匠の意匠登録番号	第２２１１１１１号	
		登録年月日	平成２０年　８月２２日	
	意匠に係る物品	乗用自動車		
			登録年月日　　平成２０年１１月１１日	

関 連 意 匠 登 録 番 号 記 録 部				
第２２２２２２４号　　第２２２２２２６号				

登 録 料 記 録 部				
登録料 　1年分　金額　　　8500円　納付日　平成20年10月11日　　　　　　　2年分　金額　　　　8500円　納付日　平成21年10月22日 　3年分　金額　　　8500円　納付日　平成22年11月10日				

国以外の者の持分の割合又は返還に関する事項				

甲 区				
順位番号 （付記）	登 録 事 項			
1 番	東京都千代田区霞が関５丁目５番５号　　　　　ＸＸ特許有限会社ＸＸ 　　　　　　　　　　　　　　　　　　　　　　　登録年月日　　平成２０年１１月１１日			
付記1号	【登録名義人の表示変更】 受付年月日　平成２１年　４月２０日　　　　　　受付番号　　　　００１１１１ 特許株式会社			

乙 区				
順位番号 （付記）	登 録 事 項			
1 番	【専用実施権の設定】 受付年月日　平成２１年　５月２０日　　　　　　受付番号　　　　００２２２２ 専用実施権者　東京都千代田区丸の内１丁目１番１号 　　　　　　　　意匠株式会社 　１．範囲 　　　地域　　日本全国 　　　期間　　本意匠権の存続期間中 　　　内容　　全部			

第７章

※「特許庁ホームページ」より

（意匠登録証の見本）

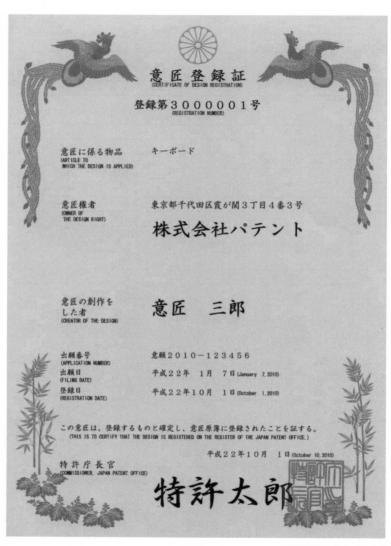

（意匠登録証に同封されている「意匠登録料の納付について」の見本）

意匠登録料納付期限日

納付年分	納付期限日	
第 2 年分	令和 5 年(2023年)	4 月 13 日
第 3 年分	令和 6 年(2024年)	4 月 13 日
第 4 年分	令和 7 年(2025年)	4 月 13 日
第 5 年分	令和 8 年(2026年)	4 月 13 日
第 6 年分	令和 9 年(2027年)	4 月 13 日
第 7 年分	令和 10 年(2028年)	4 月 13 日
第 8 年分	令和 11 年(2029年)	4 月 13 日
第 9 年分	令和 12 年(2030年)	4 月 13 日
第 10 年分	令和 13 年(2031年)	4 月 13 日
第 11 年分	令和 14 年(2032年)	4 月 13 日
第 12 年分	令和 15 年(2033年)	4 月 13 日
第 13 年分	令和 16 年(2034年)	4 月 13 日
第 14 年分	令和 17 年(2035年)	4 月 13 日
第 15 年分	令和 18 年(2036年)	4 月 13 日
第 16 年分	令和 19 年(2037年)	4 月 13 日
第 17 年分	令和 20 年(2038年)	4 月 13 日
第 18 年分	令和 21 年(2039年)	4 月 13 日
第 19 年分	令和 22 年(2040年)	4 月 13 日
第 20 年分	令和 23 年(2041年)	4 月 13 日
第 21 年分	令和 24 年(2042年)	4 月 13 日
第 22 年分	令和 25 年(2043年)	4 月 13 日
第 23 年分	令和 26 年(2044年)	4 月 13 日
第 24 年分	令和 27 年(2045年)	4 月 13 日
第 25 年分	令和 28 年(2046年)	4 月 13 日

（注）納付期限日が行政機関の休日にあたるときは、その日の翌日が期限の末日となります。

問い合わせ先　審査業務課登録室
電話 03（3581）1101（代表）
意匠担当 内線 2710又は2711

重要　意匠登録料の納付について

・意匠権を維持するには、存続期間の満了までの各年について所定の登録料の納付が必要です。
なお、第2年分以降の登録料の納付については、特許庁から納付についての通知は送付いたしませんので、納付期限の管理はご自身で行ってください。※
この通知を保存し、右側の意匠登録料納付期限日の一覧表で納付期限日を確認してください。（自動納付制度もありますので、特許庁ホームページを参照してください。）

・第2年以降の各年分の登録料は、登録日の翌日を起算日として、納付済年分の満了日（以下「納付期限日」という）まで、次の年分の納付が必要です。

・納付期限日までに納付できなかったときは、その期間の経過後6ヶ月以内であれば登録料を追納することができます。

・追納する場合は、納付すべき登録料のほか、その登録料と同額の割増登録料が必要です。
・追納できる期間内に納付しないときは、その意匠権は、納付期限日にさかのぼって消滅したものとみなされます。

・意匠登録料納付の端末表示及び登録料の額については、以下を参照してください。

特許庁ホームページ
https://www.jpo.go.jp/index.html

※【重要】特許（登録）料金の納付期限日を忘れないために電子メールにて納付期限日が近づいていることをお知らせするサービスがあります。利用については以下を参照ください。
【特許（登録）料支払期限通知サービスについて】
https://www.jpo.go.jp/system/process/toroku/kigen_tsuchi_service.html

---

登録証送付先
住　所　〒100-0005
東京都千代田区丸の内二丁目1番1号　丸の内MY PLAZA（明治安田生命ビル）9階　創英国際特許法律事務所
氏　名　昆谷川　芳樹　様

意匠権設定登録通知書

登録番号　第 0000000 号
登録日　令和 4年 4月13日
出願番号　意願 0000-000000
出願日　令和 3年 7月 5日
納付年分　第 1年分まで
受領金額　8,500円
受領日　令和 4年 4月 4日

第7章

（意匠公報の見本）

(19)【発行国】日本国特許庁（JP）
(45)【発行日】平成25年4月4日（2013.4.4）
(12)【公報種別】意匠公報（S）
(11)【登録番号】意匠登録第9999999号（D9999999）
(24)【登録日】平成25年3月3日（2013.3.3）
(54)【意匠に係る物品】サッカーボール
(52)【意匠分類】E3-3010
(51)【国際意匠分類（参考）】21-02
(21)【出願番号】意願2012-999999（D2012-999999）
(22)【出願日】平成24年9月1日（2012.9.1）
(72)【創作者】
【氏名】小貫　晴寛
【住所又は居所】東京都○○区△△町○-○-○○
(73)【意匠権者】
【識別番号】999999999
【氏名又は名称】ソウエイ株式会社
(74)【代理人】
【識別番号】100138232
【弁理士】
【氏名又は名称】野間　悠
【審査官】土田　裕介
(55)【意匠に係る物品の説明】なし
(55)【意匠の説明】背面図は正面図と、右側面図、底面図および平面図は左側面図と同一につき省略する。
【図面】
【正面図】

2. 意匠権の保護等

(1) 意匠権とは

　意匠権は、その登録意匠及びこれに類似する意匠を業として実施することを専有することができる権利です（意§23）。意匠権者は、登録意匠及びこれに類似する意匠を自ら実施することや、ライセンス契約等を結び、他人に実施させることができます。また、意匠権を他人に譲渡したり、意匠権に質権を設定することもできます。なお、譲渡や所定の権利の設定等については、特許庁への登録をしなければ、その効力が発生しません（意§36等＝特§98）。

　なお、意匠権は、登録意匠及びこれに類似する意匠の実施を独占する権利ですが、その実施は「業として」の実施に限られるもので、一般的にいって、個人的、家庭的な実施には効力が及びません。

(2) 関連意匠の意匠権の移転

　関連意匠の意匠権は、本意匠の意匠権及び他の関連意匠の意匠権と分離して移転することはできません（意§22）。

　本意匠とその関連意匠の意匠権の重複部分について、2以上の者に排他的な権利が成立することを防止するため、このように規定されています。関連意匠制度については、103頁を参照してください。

　本意匠及びその関連意匠の意匠権は、それらを「一括で移転する場合」に限り、移転することができます。

(3) 専用実施権と通常実施権

　他人に登録意匠及びこれに類似する意匠を実施させる場合には、「専用実施権」の設定と「通常実施権」の許諾という2つの方法があります。いずれも実施権の範囲は、何年間とか、関東地方だけというように、当事者が任意に定めて契約できるものであり、有償、無償についても自由です。

　① 専用実施権（意§27）とは、土地の所有権に対する地上権と同じような

物権的性質のものです。専用実施権は特許庁への登録をしなければ効力が発生しません（意§27＝特§98）。

② 通常実施権（意§28等）とは、貸借権と同じような債権的性質のものです。通常実施権はライセンス契約等の所定の要件を満たせば発生します。特許庁への登録がなくても、通常実施権の発生後に意匠権を譲り受けた人などに対して、自らが通常実施権者であることを主張することができます（当然対抗制度）（意§28＝特§99）。

③ 仮通常実施権（意§5の2）に係る意匠登録出願について、意匠権の設定の登録があった場合、あらかじめ仮通常実施権の設定行為で定めた範囲内で、その意匠権について通常実施権が許諾されたものとみなされます。意匠権の設定の登録後に改めて手続等を行う必要はありません。

※仮通常実施権は「出願段階」のライセンスを保護するために許諾することのできる権利です。仮通常実施権者の地位を保護するため各種規定が設けられています。

(4) 権利侵害への救済

① 意匠権は、知的財産権のうちの1つです。登録の対象である意匠そのものは物品の美的外観という概念であり、財産的価値を有する「情報」であるといえます。情報には、物理的に手元に置いて保管できない、容易に模倣できる、多くの者が同時に利用できるといった性質があります。したがって、意匠権には侵害が生じやすいという特徴があります。

意匠権の侵害に対しては、一般の財産権と同様に、侵害する者又は侵害するおそれのある者に対し、侵害の停止又は予防を請求すること（差止請求）ができ、また、侵害により損害が生じ、侵害者に故意又は過失がある場合、その損害の賠償を請求すること（損害賠償請求）ができます。

② 意匠権の侵害の場合、損害額の立証が非常に難しいので、意匠法に損害額の推定等の規定を設けるなどして（意§39～意§41）、権利者を保護しています。

③ また、不当利得返還請求、信用回復措置請求なども行うことができます。

④ 秘密意匠の請求に係る意匠権の行使

　秘密意匠の請求をしている場合、秘密意匠の内容は一般公衆には公示されていません（意§20④）。そのため、権利行使に際しては以下の制限があります。

(a)　差止請求権の行使は、「所定の事項を記載し、かつ、特許庁長官の証明を受けた書面を提示して警告した後」でなければ、できません。

(b)　損害賠償請求において、侵害者の過失は推定されません（意§40ただし書）。したがって、権利者が侵害者の過失を立証する必要があります。

⑤ 刑事罰

　意匠権の侵害に対しては上記の民事上の救済のほか、刑事罰の適用があります。意匠権の侵害者は、10年以下の懲役又は1千万円以下（法人に対しては3億円以下）の罰金等に処せられます（意§69、69の2、74）。

　権利侵害への救済の詳細については、特許庁ホームページ上に掲載されている「意匠権侵害への救済手続」等をご参照ください。

(5)　意匠登録の表示

　あるデザインが特許庁に意匠登録されているか否かは、そのものを見ただけではわかりません。意匠権は、意匠登録原簿により公示されてはいますが、いちいち意匠登録原簿を調べることは、現実的ではありません。したがって、意匠権の存在を知らせ、権利の保全を図るため、意匠権者は、登録意匠に係る物品に、意匠登録の表示を行ったほうがよいでしょう（意§64）。

　物自体に表示することが難しいときは、その物の容器、包装等に表示します。意匠登録の表示は、「登録意匠第何号」というようにします（意施規§17）。

(6)　意匠登録無効審判

　意匠登録に所定の無効理由があるときは、原則として誰でも、その意匠登録を無効にすることについて「意匠登録無効審判」を請求することができます（意§48）。特許庁審判官の合議体により意匠登録無効の審決がなされ確定すると、意匠権は原則として、**初めから存在しなかったもの**とみなされます（意

第7章

§ 49）。

　無効審判の請求があった場合、被請求人である意匠権者には、答弁書の提出
（意 § 52 ＝特 § 134）といった防御の機会が与えられています。なお、意匠法
においては、訂正制度は設けられていません。

3. 登録後の諸手続

　意匠権の設定登録後も、意匠権者が住所や名称等を変更した場合や、権利が合併、譲渡等によって移転した場合には、権利の実態と意匠登録原簿上の権利の情報を一致させるために、特許庁に対して手続をする必要があります。

　ただし、設定登録後の手続の多くは、不動産登記法に近い「意匠登録令」、「意匠登録令施行規則」の定めに従います。これまで本書で説明してきた出願段階の手続とは異なり、大半が「書面手続」となりますのでご注意ください。

(1)　登録名義人の表示変更

　　意匠権者の住所や名称等が変更された場合は、「登録名義人の表示変更登録申請」という手続を行います。手続は意匠登録番号ごとに個別に行う必要がある点に注意が必要です。件数が多い場合には併合申請をすることもできます。

(2)　権利移転

　　意匠権の移転が行われた場合は、「意匠権移転登録申請」という手続を行います。権利移転の場合も、意匠登録番号ごとに個別に手続を行います。この手続は原則として意匠権の譲渡人（登録義務者）と譲受人（登録権利者）の共同申請により行います。ただし、所定の場合には譲受人だけで申請することができます。

(3)　登録免許税の納付

　　意匠権の権利情報について登録申請を行う場合は、登録免許税を納付することが義務付けられています。納付額は手続により異なります。登録免許税の納付は、<u>収入印紙</u>か現金で行います。特許印紙ではありませんのでご注意ください。

第7章

上記の手続を含め、登録後の手続については特許庁ホームページ上に掲載されている「知的財産権制度説明会（実務者向け）産業財産権登録の実務」等に詳しく説明されていますので、ご参照ください。

おわりに

　以上、意匠登録出願を中心とした各種手続の事務的な知識について説明しました。最近では、特許庁ホームページが非常に充実しており、インターネットを介して多くの情報を得ることができます。その一方で、自分が必要とする情報にたどり着くことが難しい場合もあります。

　本書では、各手続の詳細情報が、特許庁ホームページ上のどういった箇所にあるのか、「特許庁ホームページ上に掲載されている「○○○○」…」といった表現を用いて、「キーワード」を紹介しています。本書で手続の概略を把握したあと、より詳しい情報を知りたい場合には、特許庁ホームページ上のサイト内検索や、Google®等の検索エンジンを用いて「特許庁　○○○○」のようにキーワードを入力して検索してみてください。

　※特許庁ホームページ上の情報は、随時、更新・変更されていきます。情報を閲覧する際には、最新のものであるかをご確認ください。

　また、出願にあたって、あるいは出願後に、疑問や具体的な問題が生じた場合には、知的財産に関する専門家である「弁理士」に相談するか、「独立行政法人工業所有権情報・研修館（INPIT）の相談部」、「日本弁理士会の発明相談室」、各都道府県に設置されている「知財総合支援窓口」等にお問い合わせください。

　なお、特許庁が発行している公報類は、平成27年4月からはインターネットを利用したもののほか、独立行政法人工業所有権情報・研修館（INPIT）閲覧部で一般の閲覧に供しています。出願書類を作成する場合には、これらを参考にされるとよいでしょう。

　本書が、皆様の手続実務に際して、少しでもお役に立てば幸いです。

付　　　　録

付
録

1. 意匠の国際登録制度（ハーグ協定）について

　平成27年5月13日に、「意匠の国際登録に関するハーグ協定のジュネーブ改正協定（以下、ハーグ協定といいます。）」が、わが国で発効されたことにより、ハーグ協定の締約国において、意匠の国際登録制度を利用した保護を受けることができるようになりました。

　ハーグ協定は、世界知的所有権機関（WIPO）国際事務局が管理する意匠登録手続の簡素化と経費節減を目的とした国際条約です。令和4年7月現在、米国、EU、中国、韓国等を含む69の国と政府間機関が加入しています。

　ここでは、ハーグ協定による意匠の国際登録制度について簡単にご紹介します。

(1)　制度の特徴

　ハーグ協定による意匠の国際登録制度には、以下の2つの特徴があります。

①1つの国際出願手続で複数の指定締約国への出願効果を得ることができる

　単一の言語、書式、通貨によってWIPO国際事務局に対して国際出願手続を行うことで（※到達主義）、保護を希望する各指定締約国への出願効果を得ることができます。したがって、出願の時点では各国の現地代理人に手続を依頼する必要がありません。また、特許協力条約（PCT）による国際出願制度の場合とは異なり、ハーグ協定の場合には、国内移行手続が必要ありません。

　なお、出願する意匠が国際意匠分類（ロカルノ分類）の同じ類に属する場合、1つの出願に最大100の意匠を含めることができます。

②複数国における意匠権の一元的な管理をすることができる

　国際登録の更新や名義変更などの権利維持管理についても、WIPO国際事務局に対する1つの手続で行うことができます。したがって、5年ごとの権利の更新、権利の移転、名称変更申請といった手続は、WIPO国際事務局に対して行えばよく、各国ごとに行う必要がありません。

直接出願による手続

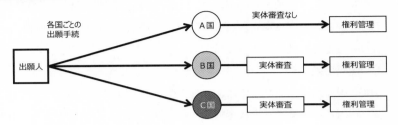

ハーグ協定による手続

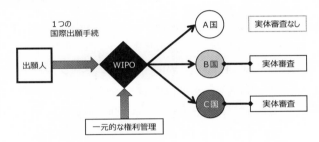

　ハーグ協定による意匠の国際登録制度を利用すれば、多数の国への直接出願による手続の場合と比べて、権利の取得や維持管理に関するコストの削減を図ることができます。

　また、ハーグ協定による意匠の国際登録制度では、各指定締約国官庁が拒絶の理由を発見した場合に、WIPO国際事務局へ拒絶の通報を行う期間を、国際公表日から6月（または、各国の宣言により12月）に制限しています。したがって、登録の可否を知ることができる時期が明確であるというメリットもあります。

　なお、実体審査の有無及び意匠の登録要件は、各国の法制に委ねられています。国際出願にあたっては、指定しようとしている国の法制度をあらかじめ把握し、各国の登録要件を満たすような図等を準備しておくとよいでしょう。

　また、各国の拒絶の情報も含めて出願内容が第三者へ開示される、権利の更新が5年ごと（1年ごとの権利維持の判断はできない）といった特徴もあります。制度の利用にあたっては、こうした点を理解しておくことも重要です。

付
録

(2) 手続の流れ

意匠の国際登録制度の手続には、「国際出願」、「国際登録」、「国際公表」、「指定締約国ごとの実体審査」（実体審査がない国もあります。）、「権利の発生」、「権利の維持管理」といった各段階があります。

① 国際出願

(a) 国際出願にあたっては、保護を受けたい意匠、保護を求める国（指定締約国といいます（複数選択可能）。）等を記載した出願書類をWIPO国際事務局へ提出します。保護を求める国として日本を指定（自己指定）することもできます。

(b) 出願書類の提出にあたり、「国際事務局への直接出願」か「締約国官庁を通じた間接出願」のいずれかを選択します。

直接出願の場合には、E-filing（WIPOのホームページからオンライン出願）を行うこともできます。E-filingには出願様式の入力項目のチェック機能や、クレジットカードによるオンライン決済機能といったメリットがあります。

なお、間接出願の場合には、所定の送付手数料が発生します。

(c) 国際出願日は、直接出願の場合にはWIPO国際事務局が出願書類を受理した日、締約国官庁を通じた間接出願の場合には当該締約国官庁が出願書類を受領した日です。

ただし、WIPO国際事務局が、締約国官庁の出願書類受領日から1月以内に書類を受領しなかった場合には、国際事務局の受領日が国際出願日となります。なお、国際出願の不備があり、それを補正した場合には、国際出願日が繰り下がることがあります。

(d) 国際出願をすることができる者は、ハーグ協定の締約国（政府間機関を含む）の国民又は締約国の領域に住所（居所、営業所）を有する者です。間接出願の場合には、別途要件が課される場合があります。

(e) 国際出願で使用する言語として認められているのは、英語、仏語、スペイン語です。出願人がいずれか1つを選択します。

(f) 国際出願書類について

国際出願の願書は、公式様式「【DM／1】」により作成します。出願書類に記載する又は添付する具体的な内容には以下のようなものがあります。指定締約国によって、記載が必須となる項目等がありますのでご注意ください。

イ．必須の内容：出願人（氏名、住所）、出願の資格等、意匠の複製物（図面又は写真）、意匠の複製物の数、意匠を構成する製品（意匠が属するロカルノ分類のクラスなどの記載も必要です。）、保護を希望する締約国の指定（※国際登録後に指定締約国を追加することはできませんので注意が必要です。）、出願人又は代理人による署名、手数料の額

ロ．特定の締約国を指定する場合に必須となる内容：創作者、意匠の説明、請求の範囲、創作者の宣誓又は宣言

ハ．任意の内容：代理人、創作者、意匠の説明、優先権の主張、即時公表又は指定した期間経過後の公表の請求、本意匠・関連意匠についての情報、新規性喪失の例外に関する宣言

(g) 意匠の複製物（図面又は写真）について

イ．意匠の複製物としては、白黒又はカラーの図面又は写真を、所定の用紙に貼り付け又は印刷することができます（E-filingの場合は、所定のイメージデータを用いて出願します。）。複製物は意匠の詳細のすべてを明確に識別でき、公表可能な品質でなければなりません。

ロ．複数の図を1つの複製物に含めることはできません。

ハ．出願する意匠が国際意匠分類の同じ類に属する場合、1つの出願に最大100の意匠を含めることができます。各意匠にはそれぞれ1から番号を付し、各複製物にも、意匠ごとに1から番号を付します。それぞれの番号は、ドットでつなぎます。

　　　＜例＞　1つめの意匠：「1.1、1.2、1.3・・・」
　　　　　　　2つめの意匠：「2.1、2.2、2.3・・・」

(h) 手数料について

イ．国際出願に必要な手数料は、WIPO国際事務局にスイスフラン建てで一括納付します。

付録

ロ．納付すべき手数料は、国際事務局が受領するものとして「基本手数料」、「公表手数料」、「追加手数料（意匠の説明が100単語を超える場合）」があり、各指定締約国が受領するものとして「標準指定手数料」、「個別指定手数料」があります。出願内容に応じて、これらの合算額をWIPO国際事務局へ納付します。

　　また、日本国特許庁を通じた間接出願の場合、別途「送付手数料」を日本国特許庁へ直接納付します。

② **国際登録**

　WIPO国際事務局は、出願書類に不備がなければ直ちに、国際登録簿へ国際出願された意匠を登録します。出願書類に不備があり、必要な補正を求めた場合には、その補正の受理をもって国際登録を行います。この国際登録によって、各指定締約国における正規の出願と同等の効果が発生します（国際登録により直ちに各指定締約国で意匠権が発生するわけではありません）。

　原則として、国際出願日が国際登録日となります。

③ **国際公表**

　国際登録された意匠の内容は、国際登録から12月後（※）に、国際意匠公報において公表されます。

※出願人の請求によって、国際登録後直ちに公表すること、または指定した期間経過後に公表することを選択することができます。指定可能な期間は最大で優先日から30月ですが、その国際出願で指定している締約国によっては、より短かい期間までしか指定できない場合があります。例えば、米国や英国を指定している場合は、12月を超える期間を指定することはできません。

④ **権利の発生**

　国際公表日から６月（または、実体審査国の場合、各国の宣言により12月）が拒絶の通報期間です。各指定締約国は、各国法令の実体的要件に基づいて拒絶をすることができます。

　国際登録は、この期間内に拒絶の通報がなされない場合には、遅くともその期間満了の日から、また、拒絶の通報がなされた場合であっても、後から

それが取り下げられた場合には、その取下げの日から、各国法令に基づく意匠の保護の付与と同等の効果を有します。

⑤ **権利の維持管理等**

国際登録の名義人は、更新手数料の納付、権利移転等といった国際登録以後の意匠権管理についても、WIPO国際事務局に対して手続を行えばよく、その手続には、各指定締約国に行ったのと同等の効果が与えられます。

国際登録は、国際登録日から5年間にわたり効力を有します。所定の手続、手数料の納付を条件として5年ごとに更新することができます。手数料額は更新を望む指定締約国及び意匠の数によって異なります。

指定締約国における保護の存続期間は、国際登録が更新されることを条件に国際登録日から起算して15年ですが、各国の法令における意匠の保護期間が15年よりも長い場合には、その指定締約国の保護期間と同一となります。

(3) **日本における国際出願の取扱い**

日本国特許庁を通じた国際出願（間接出願）と、指定締約国官庁としての日本国特許庁への手続をそれぞれ説明します。226頁のフロー図もあわせてご覧ください。

① **日本国特許庁を通じた国際出願（間接出願）**

(a) 日本国特許庁を経由して間接出願により国際出願を行うことができるのは、日本国民、日本国に住所又は居所（法人の場合は営業所）を有する外国人に限られます。

(b) 間接出願時に提出すべき出願書類は、直接出願の場合と同様です。日本国特許庁を経由した間接出願の場合、「書面手続」によってのみ行うことができます。オンライン手続によって行うことはできません。

(c) WIPO国際事務局に納付する手数料とは別に、送付手数料（3,500円）を直接日本国特許庁へ納付します。この手数料はスイスフラン建てではありませんのでご注意ください。

② **指定締約国官庁としての日本国特許庁への手続**

(a) 日本国を指定締約国とする国際出願は、WIPO国際事務局の国際公表に

付
録

よって国際登録日に日本国特許庁へ出願された意匠登録出願とみなされま
　　す（以下、国際意匠登録出願といいます。）。また、国際出願に２以上の意
　　匠が含まれている場合には、意匠ごとに１件の意匠登録出願とみなされま
　　す（意§60の6①、②）。

(b)　国際意匠登録出願についての手続は国際公表以後に可能となります。新
　　規性喪失の例外の規定の適用、パリ優先権主張出願の優先権証明書の提出
　　等の手続は、国際公表後に日本国特許庁に対して行います。

(c)　日本国特許庁は、国際意匠登録出願について実体審査を行い、審査の結
　　果、所定の拒絶理由等に該当する場合は、国際公表から12月以内に、
　　WIPO国際事務局へ「拒絶の通報」を行います。拒絶の通報はWIPO国際
　　事務局を通じて出願人へ送付されます。日本国特許庁から直接、出願人に
　　対して「拒絶理由通知」が送付されることはありません。

(d)　出願人は、通知された拒絶理由に対して、意見書や補正書を直接日本国
　　特許庁へ提出することにより、応答することができます。この際、在外者
　　である出願人は、日本の国内代理人により手続を行う必要があります（委
　　任状の提出が必要です。）。

(e)　手続は、国際登録の対象である「意匠ごと」に、書面手続にて行います。
　　所定の手続を除き、原則としてオンライン手続を行うことはできません。

(f)　出願人の応答によっても、拒絶理由が解消しない場合には日本国特許庁
　　は「拒絶の査定」を直接出願人（国内代理人）へ送付します。拒絶の査定
　　を受けた者は、所定の期間内に日本国特許庁へ拒絶査定不服審判の請求（こ
　　の手続に関してはオンライン手続可能）を行うことができます。

(g)　拒絶理由が発見されなかった場合や、拒絶理由が出願人の応答により解
　　消した場合には、日本国特許庁は、出願人に対し、権利を保護する旨を、
　　WIPO国際事務局を通じて、電子的に通知します。また、意匠登録原簿へ
　　意匠権の設定の登録を行い、「登録証」を交付します。登録証は日本国特
　　許庁から直接出願人（国内代理人）へ送付されます。

(h)　日本国特許庁は、設定の登録の後、意匠公報の発行を行い、WIPO国際
　　事務局へ対して、「保護の付与の声明」又は「拒絶の取下げの通報」を行

います。これらの通報は、WIPO国際事務局を通じて出願人へ送付されます。

（i） 権利の維持管理等に関する手続は、WIPO国際事務局に対して直接行います。

⑷ 各種情報

ハーグ協定による意匠の国際登録制度についての詳細は、特許庁ホームページ上に掲載されている「意匠の国際登録に関するハーグ協定のジュネーブ改正協定に基づく国際出願に関して」、「ハーグ協定のジュネーブ改正協定の概要」、「ハーグ協定のジュネーブ改正協定に基づく意匠の国際出願の手続」、「意匠審査基準」等を参照してください。

付
録

ハーグ協定による手続のフロー（指定国：日本）

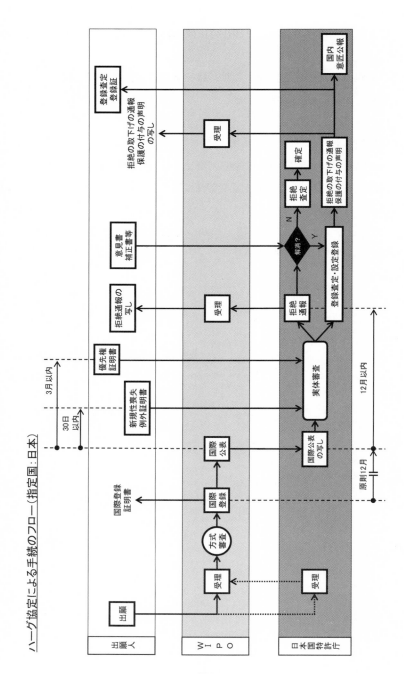

2．事前手続について

　出願等の手続を円滑に進めるため、あらかじめ行うことのできる識別番号付与の請求、料金の納付に関する手続、包括委任状の提出等について説明します。これらの手続は法域ごと、事件（出願等）ごとに行う手続とは異なり、法域、事件を越えて特許庁に対して行う共通手続であり、事前手続と呼ばれています。

　なお、手数料等の納付に関する事前手続については、「5．手数料等の納付に関する手続」（238頁）において説明します。

3．識別番号付与請求

　「識別番号」とは手続をする者に対し特許庁長官が付与する9桁のアラビア数字からなる番号のことをいいます。1人の手続をする者に対して1つの識別番号が付与されます。重複して識別番号を取得することはできません。

　特許出願、意匠登録出願等の手続に先立って、あらかじめ識別番号の付与を受けようとする場合には、識別番号付与の請求を行います（特例施規§3①）。識別番号付与の請求があったときは、特許庁長官は、識別番号を付与し、請求人に通知します（特例施規§3②）。

　なお、あらかじめ識別番号付与の請求を行わない場合であっても、特許庁長官は所定の手続があったとき、これらの手続をした者及びその代理人に識別番号を付与し、通知します（特例施規§3③）。

　住所又は居所の記載方法や氏名又は名称のカタカナ表記が異なる書面を複数提出すると、同一の者であっても、異なる2つ識別番号が付与され、別人による手続として扱われてしまう場合があるため注意が必要です。

　識別番号の通知を受けたときは、以後の特許庁に対する手続については、様式の定めるところにより、その手続に係る書類に当該識別番号を記載しなければなりません（特例施規§2）。

　オンライン手続では、インターネット出願ソフトにおける申請人利用登録の際

付録

に識別番号が必要となります。弁理士、弁護士、弁理士法人、個人や法人（TLOを除く。）の場合は、申請人利用登録で識別番号を取得することもできます。詳しくは特許庁の「電子出願ソフトサポートサイト」を参照してください。

(1) **手続の方法**

識別番号付与の請求は「識別番号付与請求書」（特例施規様式第1）を提出することにより行います。請求は書面手続で行います。

識別番号付与請求書の様式

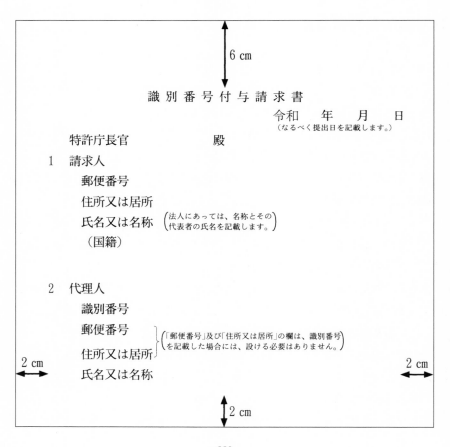

識別番号付与請求書の作成要領は次の通りです。

①　用紙について

　　用紙は、日本工業規格Ａ列４番（横21cm、縦29.7cm）の大きさとし、イ
ンキがにじまず、文字が透き通らないものを縦長にして用い、用紙には不要
な文字、記号、枠線、けい線等を記載してはいけません。

②　余白について

　　余白は、少なくとも用紙の上に６cm、左右及び下に各々２cmをとります。

③　文字について

　　文字は、タイプライター、ワードプロセッサ等により、黒色で、明瞭にか
つ容易に消すことができないように書きます。

④　ページ数の記入について

　　提出書が複数枚にわたるときは、各ページの上の余白部分の右端にページ
数をなるべく記入します。

⑤　訂正について

　　各用紙においては、原則として抹消、訂正、重ね書き及び行間挿入を行っ
てはなりません。

⑥　とじ方について

　　とじ方はなるべく左とじとし、容易に離脱しないようにとじます。

⑦　「住所又は居所」について

　　「住所又は居所」は、住民票、登記簿等の公簿どおり、何県、何郡、何村、
大字何、字何、何番地、何号のように詳しく記載します。

⑧　「氏名又は名称」について

　(a)　自然人（個人）の場合には、戸籍に記載されている氏名を正確に記載し
　　　ます。

　(b)　法人の場合には、登記簿に記載されている名称を正確に記載し、その次
　　　に「代表者」の欄を設けて、その代表者の氏名を記載します。

　　　　また、その法人の名称が法人を表す文字を含まないものであるときは、
　　「代表者」の欄の次に「法人の法的性質」の欄を設けて、「○○法の規定に
　　よる法人」、外国法人にあっては「○○国の法律に基づく法人」のように

当該法人の法的性質を記載します。

 (c) 氏名又は名称の読み方が難解であるとき又は読み誤りやすいものであるときは、なるべく片仮名で振り仮名を付けます。

⑨ 「電話番号」について

 「請求人」又は「代理人」の欄の「氏名又は名称」（法人にあっては、「代表者」）の次に請求人又は代理人の有する電話又はファクシミリの番号をなるべく記載します。

⑩ 「請求人」の押印について

 令和2年12月28日に公布・施行された「押印を求める手続の見直し等のための経済産業省関係省令の一部を改正する省令」をはじめとする一連の改正により、識別番号付与請求書における請求人の押印は、廃止されました（181頁参照）。

 従って、押印は不要です。

⑪ 「国籍」について

 「国籍」は、請求人が外国人の場合に限り記載します。ただし、その国籍が「住所又は居所」の欄に記載した国と同一であるときは、「国籍」の欄を設ける必要はありません。

⑫ 「代理人」の欄について

 代理人によるときは「代理人」の欄を設け、氏名（法人にあっては、代表者の氏名）を記載します。代理人によらないときは「代理人」の欄を設ける必要はありません。

⑬ 「提出物件の目録」の欄について

 代理人により手続を行う場合には、代理権を証明する書面（委任状、法定代理人による場合は戸籍の謄本、住民票等）を添付します。この場合には、「2　代理人」の欄の次に3として「3　提出物件の目録」の欄を設けて、「委任状　1通」のように書類名及びその数を記載します。

 包括委任状を援用して（233頁参照）代理権を証明することもできます（特例施規§6①）。

(2) 氏名（名称）、住所（居所）の変更の届出

識別番号の付与を受けている者が、氏名若しくは名称又は住所若しくは居所を変更したときは、以下に示す様式の書面で、遅滞なく届け出ます（特例施規様式第2、3）。

この届出は、氏名又は名称、住所又は居所の変更をそれぞれ1つの手続により行います。事件（出願等）ごとに行う必要はありません。

原則、書面手続で行います（インターネット出願ソフトを使用して手続できる場合があります。詳細は特許庁の「インターネット出願ソフト操作マニュアル」参照。）。

なお、識別番号の付与を受けている者本人による手続の場合、「実印」又は「実印により証明可能な法人の代表者印」の押印が必要です（代理人による手続の場合は不要です。）。押印についての詳細は、181頁を参照してください。

氏名（名称）変更届の様式

```
            氏 名（名 称）変 更 届

                        令和   年   月   日
                        （なるべく提出日を記載します。）

        特許庁長官        殿

    1   氏名（名称）を変更した者

            識別番号

            住所又は居所  （「住所又は居所」の欄は、識別番号を記載し
                          た場合には、設ける必要はありません。）

            旧氏名又は旧名称

            新氏名又は新名称  （法人にあっては、名称    ㊞
                              とその代表者の氏名を
                              記載します。ただし、
                              代理人によるときは、
                              代表者の氏名を記載す
                              る必要はありません。）

    2   代理人

            識別番号  （「住所又は居所」の欄は、識別番号を記載し
                      た場合には、設ける必要はありません。）

            住所又は居所

            氏名又は名称
```

注1　代理人によるときは本人の印は不要とし、代理人によらないときは「代理人」の欄を設ける必要はありません。

注2　その他は、識別番号付与請求書の作成要領（228頁）を参照してください。

住所（居所）変更届の様式

住　所（居　所）変　更　届

令和　年　月　日
（なるべく提出日を記載します。）

特許庁長官　　　　　　殿

1　住所（居所）を変更した者

識別番号

旧住所又は旧居所

郵便番号

新住所又は新居所

氏名又は名称　（法人にあっては、名称とその代表者の氏名を記載します。ただし、代理人によるときは、代表者の氏名を記載する必要はありません。）　㊞

2　代理人

識別番号

住所又は居所　（「住所又は居所」の欄は、識別番号を記載した場合には、設ける必要はありません。）

氏名又は名称

注1　代理人によるときは本人の印は不要とし、代理人によらないときは「代理人」の欄を設ける必要はありません。

注2　その他は、識別番号付与請求書の作成要領（228頁）を参照してください。

4. 包括委任状制度

(1) 包括委任状の提出

　特許出願、実用新案登録出願、意匠登録出願及び商標登録出願等並びにこれらに係る手続をする際の代理権は、あらかじめ特許庁長官に事件（出願等）を特定しない代理権を証明する書面（この書面を「包括委任状」といいます。）を提出し、その書面を援用して、証明することができます。

　特許庁長官は、包括委任状が提出されたときは、包括委任状に番号を付し、その番号を提出者に通知します。包括委任状の援用は、包括委任状の番号を手続書類に記載することにより行います（特例施規§6）。

　包括委任状の提出は、「包括委任状提出書」（特例施規様式第6）により行います。

包括委任状提出書の様式

```
            包 括 委 任 状 提 出 書

                         令和　　年　　月　　日
                         （提出する日をなるべく記載します。）

      特許庁長官　　　　殿

  1　提出者
      識別番号
      郵便番号      ⎫ （「郵便番号」及び「住所又は居所」の欄は、識別番号
      住所又は居所  ⎭  を記載した場合には、設ける必要はありません。）

      氏名又は名称   （法人にあっては、名称とその
                     代表者の氏名を記載します。
      （国籍）        ただし、代理人によるとき
                     は、代表者の氏名を記載する
                     必要はありません。）

  2　選任した代理人
      識別番号
      住所又は居所   （「住所又は居所」の欄は、識別番号を記載し
                     た場合には、設ける必要はありません。）
```

付録

```
          氏名又は名称
  3   代理人
          識別番号
          住所又は居所    （「住所又は居所」の欄は、識別番号を記載し
                          た場合には、設ける必要はありません。）
          氏名又は名称
  4   提出物件の目録
   (1)  包括委任状                        1 通
   (2) （                                通）
```

注1　代理人によらないときは「代理人」の欄を設ける必要はありません。

注2　包括委任状提出書の「選任した代理人」の欄には、包括委任状において
　　委任した代理人の情報を、行を改めて全員分記載します。

注3　「包括委任状」は、なるべく次頁の文例に従って作成します。

注4　包括委任状の援用をあらかじめ制限する場合には、「なお、出願をする
　　代理人又は出願と同時に提出する代理人選任届により選任した代理人以外
　　の者は、この包括委任状を援用することができません。」のように援用の
　　制限の内容を、包括委任状に具体的に記載します。

注5　個人の場合は、「名称」「代表者」に代えて、「氏名」を見出しとし、記
　　名をしてください。

注6　その他は、識別番号付与請求書の作成要領（228頁）を参照してください。

包括委任状の文例

包括委任状

令和　　年　　月　　日

私は、

識別番号　000000000　弁理士　○○○○氏

識別番号　000000000　弁理士　□□□□氏、

を以て代理人として下記事項を委任します。

記

1．すべての特許出願、特許権の存続期間の延長登録の出願、実用新案登録
　出願、意匠登録出願、商標登録出願及び防護標章登録出願に関する手続並
　びにこれらの出願に関する出願の放棄及び出願の取下げ
1．すべての実用新案登録出願又は意匠登録出願から特許出願への変更
1．すべての特許出願又は意匠登録出願から実用新案登録出願への変更
1．すべての特許出願又は実用新案登録出願から意匠登録出願への変更
1．すべての通常の商標登録出願から団体商標の商標登録出願、地域団体商
　標の商標登録出願又は防護標章登録出願への変更
1．すべての団体商標の商標登録出願から通常の商標登録出願、地域団体商
　標の商標登録出願又は防護標章登録出願への変更
1．すべての地域団体商標の商標登録出願から通常の商標登録出願、団体商
　標の商標登録出願又は防護標章登録出願への変更
1．すべての防護標章登録出願から通常の商標登録出願、団体商標の商標登
　録出願又は地域団体商標の商標登録出願への変更
1．すべての特許出願又は実用新案登録出願に基づく特許法第41条第1項又
　は実用新案法第8条第1項の規定による優先権の主張及びその取下げ
1．すべての実用新案登録に基づく特許法第46条の2第1項の規定による特
　許出願
1．すべての特許権、実用新案権、意匠権及び商標権並びにこれらに関する
　権利に関する手続並びにこれらの権利の放棄並びにこれらの手続の取下げ
1．すべての特許出願に関する出願公開の請求

1．すべての特許出願、意匠登録出願、商標登録出願、防護標章登録出願及び書換登録の申請に関する拒絶査定に対する審判の請求及びその取下げ
1．すべての他人の特許出願についての出願審査の請求
1．すべての他人の特許権、特許権の存続期間の延長登録、実用新案権、意匠権、商標権及び防護標章登録に基づく権利に関する無効審判の請求及びその取下げ
1．すべての他人の特許に関する特許異議の申立て及びこれらの取下げ
1．すべての他人の商標（防護標章）登録に関する登録異議の申立て及びその取下げ
1．すべての他人の商標権に関する商標登録の取り消しの審判の請求及びこれらの取下げ
1．上記手続に関する復代理人の選任

　　　　　　　　　　　住　所　（居所）
　　　　　　　　　　　氏　名　（名称）
　　　　　　　　　　　代表者

※　令和２年12月28日に公布・施行された「押印を求める手続の見直し等のための経済産業省関係省令の一部を改正する省令」をはじめとする一連の改正により、委任状について委任者の押印が不要となりました。委任者と受任者の間の合意の下、委任状に委任者の情報をタイプ印字すれば、疑義がない限り、真正な委任状として取り扱われます。

　押印が不要となったことにより、後日委任者と受任者との間に疑義が生じた場合に備えて、双方の合意がなされたことの根拠となる情報（例えば電子メール等）を、これまで以上にしっかりと保管・管理等しておくことが重要です。

　詳細は、「押印・署名に関する特許庁の運用の変更について（181頁）」及び特許庁ホームページ上に掲載されている「特許庁関係手続における押印の見直しについて」等をご参照ください。

(2) **包括委任状の取下げ**

　　包括委任状を取り下げることにより、以後の代理権の証明については、当該包括委任状を援用できないようにすることができます（特例施規§8）。

　　包括委任状の取り下げは「包括委任状取下書」（特例施規様式第8）を提出することにより行います。

包括委任状取下書の様式

包 括 委 任 状 取 下 書

令和　　年　　月　　日
（提出する日をなるべく記載します。）

　　特許庁長官　　　　殿

1　包括委任状番号

2　提出者

　　識別番号

　　住所又は居所　　（「住所又は居所」の欄は、識別番号を記載した場合には、設ける必要はありません。）

　　氏名又は名称　　（法人にあっては、名称とその代表者の氏名を記載します。ただし、代理人によるときは、代表者の氏名を記載する必要はありません。）

3　代理人

　　識別番号

　　住所又は居所　　（「住所又は居所」の欄は、識別番号を記載した場合には、設ける必要はありません。）

　　氏名又は名称

注1　代理人によらないときは「代理人」の欄を設ける必要はありません。

注2　その他は、識別番号付与請求書の作成要領（228頁）を参照してください。

※包括委任状制度の詳細については、特許庁ホームページ上に掲載されている「出願の手続」等を参照してください。

5．手数料等の納付に関する手続

　特許出願、実用新案登録出願、意匠登録出願、商標登録出願等の所定の手数料及び特許料等（以下「手数料等」といいます。）の納付については、以下の5種類の方法があります。それぞれ特徴がありますので、行おうとしている手続を考慮し、ご自身に合った方法を選択してください。

(1)	特許印紙貼付による納付	書面手続のみ利用可能
(2)	予納による納付	オンライン手続及び書面手続で利用可能
(3)	納付書による現金納付	オンライン手続及び書面手続で利用可能
(4)	電子現金納付	オンライン手続及び書面手続で利用可能
(5)	口座振替による現金納付	オンライン手続のみ利用可能
(6)	指定立替納付	原則、オンライン手続のみ利用可能 （※書面手続の場合、特許庁窓口での提出時に限る）

　1つの手続に係る手数料等を納付する場合において、予納による納付と口座振替による現金納付の併用等、複数の方法による納付はできません。

(1)　特許印紙貼付による納付

　特許印紙を手続書類に直接貼りつけて特許庁に提出することで、手数料等を納付します。この方法は書面手続の場合にのみ利用することができます。

　特許印紙は特許庁窓口、発明推進協会、全国の郵便局で販売しています。ただし、郵便局によっては特許印紙を扱っていない場合がありますので、事前に電話等で確認してください。収入印紙や登記印紙と間違わぬよう注意してください。

(2)　予納による納付

　予納による納付にあたっては、あらかじめ特許庁長官に届出を行い、納付すべき手数料等の見込額を予納しておきます。そして、手続の都度、その予納した見込額からの納付の申出（具体的には、手続書類に特許庁から通知される予納台帳番号等を記載します。）を行い、予納した見込み額から所要の額を、手

数料等の納付に充てます（特例§14①、15①、特例施規§37②、38の２、40）。

　予納による納付は、オンライン手続、書面手続のいずれの場合でも利用することができます。

　予納した見込額からの納付の申出の際に、予納されている額が所要の手数料等の額に満たない場合には、手続の補正が命じられます。

　また、予納した見込額に残余があるときは、予納者の請求により返還されます（特例§15③）。ただし、予納又は予納した見込額からの納付の申出若しくは予納した見込額への加算の申出が行われない期間が４年続いた場合は予納の届出の効力は失われ、予納を利用することができなくなります（特例§14③）。この予納の届出の失効の通知から６月を経過すると、返還請求もできなくなりますので、注意を要します（特例§15④）。

①　予納の届出

　予納の届出は「予納届」（特例施規様式第34）を提出することにより行います。予納届を提出したときは予納台帳番号が届出者に通知されます。

予納届の様式

```
                      予　　納　　届

                              令和　　年　　月　　日
                              （なるべく提出日を記載します。）

          特許庁長官　　　　　　　殿

      1　届出者

          識別番号

          住所又は居所 （「住所又は居所」の欄は、識別番号を記載し
                        た場合には、設ける必要はありません。）

          氏名又は名称 （法人にあっては、名称とその
                        代表者の氏名を記載します。
          （国籍）       ただし、代理人によるときは、
                        代表者の氏名を記載する必要
                        はありません。）

      2　代理人

          識別番号

          住所又は居所 （「住所又は居所」の欄は、識別番号を記載し
                        た場合には、設ける必要はありません。）

          氏名又は名称
```

注1　代理人によらないときは「代理人」の欄を設ける必要はありません。

注2　予納した見込額の残高証明を必要とする者は、「2　代理人」の欄の次
　　　に「3　決算月」の欄を設けて決算月を記載します。

注3　その他は、識別番号付与請求書の作成要領（228頁）を参照してください。

② 見込額の予納

　　手数料等の見込額を予納するときは、「予納書」（特例施規様式第35）を提
出することにより行います。予納には、特許印紙を予納書に貼りつけて行う
方法と、銀行振込による現金納付とがあります。

予納書の様式

```
                    予　　納　　書

                              令和　　年　　月　　日
                              （なるべく提出日を記載します。）
         特許庁長官　　　　　殿
    1　予納台帳番号
    2　予納者
        識別番号
        住所又は居所 （「住所又は居所」の欄は、識別番号を記載し
                      た場合には、設ける必要はありません。）
        氏名又は名称 （法人にあっては、名称とその
                      代表者の氏名を記載します。）
    3　納付金額　　　金　　　　　　　　円
    ────────────────────────────

        （　　　円）
        ここに特許印紙をはり付けること
```

注1　押印は必要ありません。

注2　特許印紙の上にその額を括弧をして記載します。

注3　その他は、識別番号付与請求書の作成要領（228頁）を参照してください。

③　その他
　(a)　予納者の地位の承継の届出

　　　　予納届をした者（予納者）が死亡したときは、その相続人（相続人が２
　　　人以上いる場合は、そのうちの１人）は、当該予納者の地位を承継します。
　　　また、予納者が法人の場合であって、合併があったときは、合併後存続す
　　　る法人又は合併により設立された法人は、当該予納者である法人の地位を
　　　承継します。予納者の地位を承継した者は、特許庁長官にその旨を届け出
　　　なければ、予納した見込額からの納付の申出又は予納した見込額への加算
　　　の申出をすることができません（特例施令§１）。

　(b)　予納届の取下げ

　　　　予納届を都合により取り下げる場合は、特許庁に「予納届取下書」を提
　　　出します。残余額があるときは「予納された見込額からの残余の額の返還
　　　請求書」を提出します。

　(c)　予納残高通知等

　　　　毎月、予納台帳に入出金の記録があるものについては、翌月上旬に、月
　　　末の残高及び入出金の記録が予納者に送付されます。また、予納届におい
　　　て決算月の申出をしている場合には、年一回、予納残高証明書が送付され
　　　ます。

　(d)　予納届の失効

　　　　予納届をした者が、予納又は手数料等の納付の申出を４年間継続して行
　　　わない場合は、その予納届は効力を失いますのでご注意ください（特例
　　　§14③）。

　　　　見込額に残余がある場合は、予納者に対して「予納失効通知」と「見込
　　　額からの残余の額の返還請求について」という書類が送付されます。

※各手続の詳細については、特許庁ホームページ上に掲載されている「出願の
　手続」や「銀行振込による予納について」等を参照してください。

付録

(3) 納付書による現金納付

　　特許庁指定の納付書により、金融機関から現金により手数料等を納付します。現金を、特許庁窓口に持参すること又は郵送することによっては納付できません。

　　納付書による現金納付は、オンライン手続、書面手続のいずれの場合でも利用することができます。

① 現金納付に係る識別番号付与請求

　　現金納付の希望者は、あらかじめ識別番号付与の請求をしなければなりません（現金省令§2①）。既に識別番号が付与されているときは、請求は不要です。

　　現金納付に係る識別番号付与の請求は「現金納付に係る識別番号付与請求書」（現金省令様式第1）を提出することにより行います。

現金納付に係る識別番号付与請求書の様式

現金納付に係る識別番号付与請求書

令和　　年　　月　　日
（なるべく提出日を記載します。）

特許庁長官　　　　　　殿

1　請求人

　　識別番号

　　郵便番号

　　住所又は居所 ｝「郵便番号」及び「住所又は居所」の欄は、識別番号を記載した場合には、設ける必要はありません。

　　氏名又は名称　法人にあっては、名称とその代表者の氏名を記載します。ただし、代理人によるときは、代表者の氏名を記載する必要はありません。

　　（国籍）

2　代理人

　　識別番号

　　郵便番号

　　住所又は居所 ｝「郵便番号」及び「住所又は居所」の欄は、識別番号を記載した場合には、設ける必要はありません。

　　氏名又は名称

注1　現金省令§4①ただし書の規定により識別番号の付与の請求と同時に納
　　　付書の交付を請求する場合は、「2　代理人」の欄の次に「3　納付書交
　　　付請求枚数」の欄を設けて納付書交付請求枚数を記載します。
注2　代理人によらないときは「代理人」の欄を設ける必要はありません。
注3　その他は、識別番号付与請求書の作成要領（228頁）を参照してください。

②　納付書交付の請求

　　　識別番号を付与された者は、特許庁長官に対して「納付書交付請求書」（現
　　金省令様式第2）により納付書の交付を請求します。
　　　特許庁長官は、当該請求者に対し、住所・氏名・識別番号・納付書番号等
　　の必要事項を印刷した4枚綴りの納付書を交付します（現金省令§4②）。

納付書交付請求書の様式

```
　　　　　　　納 付 書 交 付 請 求 書

　　　　　　　　　　　　　　令和　　年　　月　　日
　　　　　　　　　　　　　　（なるべく提出日を記載します。）

　　　特許庁長官　　　　　殿

　　1　請求人

　　　　識別番号

　　　　住所又は居所（「住所又は居所」の欄は、識別番号を記載し
　　　　　　　　　　　た場合には、設ける必要はありません。）

　　　　氏名又は名称（法人にあっては、名称とその
　　　　　　　　　　　代表者の氏名を記載します。）


　　2　納付書交付請求枚数　　　　　枚
```

注1　「納付書交付請求枚数」には、必要枚数を記載します。

付
録

③　納付手続

　　出願人等の申請者は、特許庁より交付される納付書に、出願手続等１つの手続に対応する納付金額及び該当する手続の種別等必要事項を記載し、日本銀行（本店、支店、代理店又は歳入代理店）窓口へ必要な手数料等を納付して、領収日付印のある領収証書及び納付済書（特許庁提出用）を受領しておきます。なお、振込手数料は必要ありません（現金省令§5①）。

　　都市銀行、地方銀行、信用金庫等大部分の店舗及び郵便局の大部分が、上記の歳入代理店になっています。

④　出願書類等の申請手続

　　オンライン手続の場合、納付書（その手続についての手数料等を納付するのに用いたもの）に記載された納付書番号を手続書類に記載するとともに、手続補足書（139頁参照）に納付済書（特許庁提出用）を添付して３日以内に特許庁に提出します。

　　書面手続の場合、納付済書（特許庁提出用）を手続書面ごとに（別の用紙にはり付けて）添付して特許庁に提出します。

現金納付の場合は、「手数料等の日本銀行への納付」、「手続書類の特許庁への提出」が完了した時点で納付が行われたものとなります。

納付書による現金納付のフロー

⑷ 電子現金納付

　電子現金納付は、インターネット出願ソフトで納付番号を取得し、インターネットバンキングやPay-easy（ペイジー）Ⓡ対応ATMから手数料等の納付を行う方法です。事前にインターネット出願ソフトの設定等、オンライン手続に必要な準備を行ってください（19頁参照）。

　また、電子現金納付の希望者は、日本銀行がマルチペイメントネットワークシステムを利用した歳入金等の取扱いについて同意している金融機関（銀行等）と契約（口座開設等）を結ぶ必要があります。

① 納付手続

　電子現金納付の希望者は、インターネット出願ソフトから必要事項（納付者カナ氏名、納付専用パスワード）を登録し、納付番号を取得します。なお、手数料等の納付を必要とする書類１件ごとに１つの納付番号の取得手続を行う必要があります。納付番号は取得した翌日から30日を経過すると利用できなくなります。

　納付番号取得後その納付番号によりインターネットバンキング又はATMを利用して手数料等を振り込みます。ATMを利用した振込の場合は、Pay-easy（ペイジー）Ⓡが利用できる専用ATMからのみとなります。また、金融機関（銀行等）の窓口での振込はできません。

② 出願書類等の申請手続

　手数料等の振り込みに用いた納付番号を手続書類に記載し（特例施規§41の９）、インターネット出願ソフトを用いてオンライン手続を行います。

　※電子現金納付手続の操作は、特許庁ホームページからリンクされている特許庁の「電子出願ソフトサポートサイト」に詳しく説明されています。必要に応じて参照してください。

付録

電子現金納付のフロー

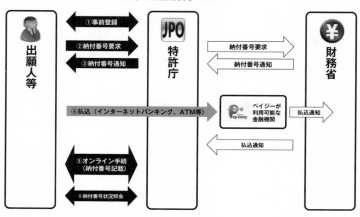

⑸ 口座振替による現金納付

　口座振替による現金納付は、特許庁への口座振替が可能な金融機関に預貯金口座を開設し、あらかじめ所定の登録をしておくことで、特許庁が手続ごとに当該口座から必要な手数料等をリアルタイムで引き落とす方法です。この方法はオンライン手続の場合にのみ利用することができます。事前にインターネット出願ソフトの設定等、オンライン手続に必要な準備を行ってください(19頁参照)。

① 金融機関の口座開設

　特許庁への口座振替が可能な取扱金融機関に預貯金口座を開設します。既に取扱金融機関の口座を利用している場合は、その口座を振替納付にも利用できます。取扱金融機関名の一覧は特許庁ホームページで確認することができます。

② 申出書の提出

　口座振替による納付を希望する者は「特許料等手数料ダイレクト方式預金口座振替納付申出書兼特許料等手数料ダイレクト方式預金口座振替依頼書(新規)」(以下「申出書」といいます。)(３枚一組)に必要事項を記載し、特許庁長官へ提出します。うち１枚は納付者が手元で保管します。

　申出書は特許庁ホームページ上に掲載されており、必要事項を入力して印刷することができます。

　特許庁長官は、申出書を受理したときは、振替番号を提出者に通知します。

③ 出願書類等の申請手続

　口座振替により手数料等を納付する場合には、納付が必要な手続書面に「振替番号」と「納付金額」を記載して納付の申出を行います（特例施規§40)。これを受けて、特許庁は金融機関に対してオンラインのリアルタイム処理により口座振替に係る情報を送信し、金融機関は、手続者の口座から納付すべき金額を振り替えます。この場合、振替手数料はかかりません。

　なお、手続者は随時、インターネット出願ソフトの口座振替情報照会や預金通帳の記帳により振替状況を確認することができます。

　　※口座振替による現金納付についての詳細は、特許庁ホームページ上に掲載されている「口座振替による納付」等を参照してください。

付録

口座振替による現金納付のフロー

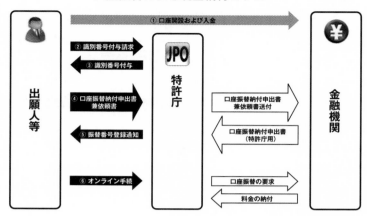

① 口座開設および入金

② 識別番号付与請求

③ 識別番号付与

④ 口座振替納付申出書
兼依頼書

⑤ 振替番号登録通知

⑥ オンライン手続

出願人等

JPO
特許庁

金融機関

口座振替納付申出書
兼依頼書送付

口座振替納付申出書
（特許庁用）

口座振替の要求

料金の納付

※口座振替納付申出書兼依頼書が
金融機関にて、受け付けられなかった場合は、
特許庁を経由して、出願人等に返却されます。

(6) **指定立替納付（クレジットカードによる納付）**

　指定立替納付は、出願等の手続をする際に、申出により本人のクレジットカード（3Dセキュア対応）による決済で手数料等を納付する方法です。既に所定のクレジットカードを所有している場合、他の納付方法に比べて事前手続が簡易です。

　この方法は、原則、オンライン手続の場合にのみ利用することができます（書面手続の場合、特許庁窓口での提出時にだけ利用できます。）。事前に識別番号を取得し、インターネット出願ソフトの設定等、オンライン手続に必要な準備を行ってください（19頁参照）。

① クレジットカードの準備

　事前に、指定立替納付を行うために必要なクレジットカードを準備します。クレジットカードは、特許庁が指定した指定立替納付者（国際ブランド加盟店契約会社）が扱うことのできるものでなければなりません。利用できるクレジットカードの最新情報は、特許庁ホームページ「クレジットカードによる納付（指定立替納付）」をご参照ください。

　また、事前にクレジットカードの発行会社のウェブサイトで「3Dセキュア」の登録を行っておく必要があります。「3Dセキュア」とは、インターネット上でクレジットカード決済をする際に、クレジットカード会社に事前登録した暗証番号を入力することにより不正使用を防止する仕組みであり、カード発行会社が採用している本人認証サービスです。「3Dセキュア」の詳細及び登録方法は各クレジットカード発行会社へ問い合わせください。

② ウェブブラウザの準備

　指定立替納付が利用できる主なウェブブラウザは以下の通りです。いずれかをオンライン手続用の端末へインストールしておいてください。

・Microsoft Edge 最新安定版
・Google Chrome 最新安定版
・Mozilla Firefox 最新安定版

③ 出願書類等の申請手続

(a) 手続書類の「【手数料の表示】」等の欄に「【指定立替納付】」及び「【納

付金額】」の項目を設け、「【納付金額】」の欄に納付する手数料等の金額を記載します。

　なお、「【指定立替納付】」の欄には、何も記載してはいけません。指定立替納付の手続において、手続書類上にクレジットカード番号等の情報を記載することはありませんし、特許庁もクレジットカード番号、暗証番号、認証コード等を取得、保持することはしません。ご自身で大切に管理してください。

　インターネット出願ソフト上で複数の手続書類をまとめて送信すれば、クレジットカード決済を1回で済ませることができます。ただし、申請者の与信枠を超える金額や1000万円以上の金額は一度に手続できません。

　また、以下の時間帯はクレジットカードによる決済ができません。

・特許庁サーバのメンテナンス時間中（特許庁サーバ稼働状況ページで確認できます。）

・申請人利用登録による電子証明書追加の後、特許庁による証明書の内容確認完了までの期間

(b)　インターネット出願ソフトで「【指定立替納付】」の欄を設けた手続書類のオンライン送信を行うと、自動的にウェブブラウザが立ち上がり、クレジットカード決済サイトが立ち上がります。初回はそのサイトで決済に使用するクレジットカード情報を登録します（複数枚のカードの登録が可能です）。2回目以降は登録された情報から決済に使用するクレジットカードを選択します。その後、事前登録した3Dセキュアの暗証番号を入力します。正常に決済がなされると、決済サイトよりインターネット出願ソフトにその情報が送信され、オンライン手続が完了します。

　申請者は、後日、クレジットカード会社から請求される料金を支払います。

※指定立替納付についての詳細は、特許庁ホームページ上に掲載されている「クレジットカードによる納付（指定立替納付）」や「出願の手続」等を参照してください。

指定立替納付のフロー

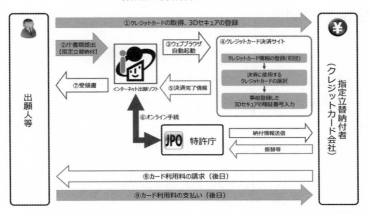

出願人等

① クレジットカードの取得、3Dセキュアの登録

② 庁書類提出
【指定立替納付】

③ ウェブブラウザ
自動起動

④ クレジットカード決済サイト
- クレジットカード情報の登録（初回）
- 決済に使用する
クレジットカードの選択
- 事前登録した
3Dセキュアの暗証番号入力

インターネット出願ソフト

⑦ 受領書

⑤ 決済完了情報

⑥ オンライン手続

JPO 特許庁

納付情報送信

振替等

指定立替納付者
（クレジットカード会社）

⑧ カード利用料の請求（後日）

⑨ カード利用料の支払い（後日）

付録

6. 包括納付制度

　包括納付制度とは、出願を特定しない「包括納付申出書」を特許庁に提出し、その書面を援用することで、申請人の予納台帳または指定銀行口座から設定登録料（特許料、意匠登録料又は商標登録料）を徴収し、自動的に設定の登録を行う制度です。

　この制度を利用すれば、設定登録料の納付期限の管理や、個別の納付手続の負担を軽減することができます。

(1) 包括納付制度の対象

　包括納付制度の対象となるのは、特許料（設定時に納付する第1年分から第3年分）、意匠登録料（設定時に納付する第1年分）、商標登録料（設定時に納付する10年分）です。

　ただし、審判に係る各出願の設定登録料（特許の前置審査に係るものは除きます。）、実用新案登録出願の設定登録料、商標権存続期間更新登録申請に係る登録料、商標設定登録料における分割納付による登録料、軽減に係る特許料は対象外です。

(2) 包括納付の申出

　包括納付制度を利用するためには、予納制度（238頁参照）または口座振替制度（247頁参照）に基づく届出が事前に完了している必要があります。

　事前準備完了後、「包括納付申出書」（特例施規様式第38）を特許庁長官に届け出ます。この申出書には、それを援用して特許料（登録料）を納付する出願の出願人（この出願人を「特定出願人」といいます。）又は代理人（この代理人を「特定代理人」といいます。）の氏名又は名称及び住所又は居所等を記載します。なお、法域ごとに表題の記載が変わりますのでご注意ください。包括納付申出書は書面手続により提出します。オンライン手続によって提出することはできません。

特許庁は手続が完了すると包括納付申出書番号を通知します。

包括納付申出書の様式

包　括　納　付　申　出　書（特許）

令和　　年　　月　　日
（提出する日をなるべく記載します。）

特許庁長官　　　　殿

1　申出人

　　識別番号

　　住所又は居所　　（「住所又は居所」の欄は、識別番号を記載し
　　　　　　　　　　　た場合には、設ける必要はありません。）

　　氏名又は名称

　　予納台帳番号／振替番号

2　代理人

　　識別番号

　　住所又は居所　　（「住所又は居所」の欄は、識別番号を記載し
　　　　　　　　　　　た場合には、設ける必要はありません。）

　　氏名又は名称

3　特定出願人

　　識別番号

　　住所又は居所　　（「住所又は居所」の欄は、識別番号を記載し
　　　　　　　　　　　た場合には、設ける必要はありません。）

　　氏名又は名称

4　特定代理人

　　識別番号

　　住所又は居所　　（「住所又は居所」の欄は、識別番号を記載し
　　　　　　　　　　　た場合には、設ける必要はありません。）

　　氏名又は名称

注1　代理人によらないときは「代理人」の欄を設ける必要はありません。

注2　「申出人」の欄には、自らが希望する納付方法に応じて「予納台帳番号」
　　　または「振替番号」を設け、申出人の各番号を記載します。

注3 「特定出願人」又は「特定代理人」の欄には、特例施規第41条の2第1項の規定により当該包括納付申出書を援用して特許料（登録料）の納付の申出をしようとする特許出願、意匠登録出願又は商標登録出願の出願人又は代理人を明瞭に記載します。

注4 特許出願について包括納付の申出をする場合は、表題は「包括納付申出書（特許）」と、意匠登録出願についてする場合は、「包括納付申出書（意匠）」と、商標登録出願についてする場合は、「包括納付申出書（商標）」と記載します。

注5 その他は、識別番号付与請求書の作成要領（228頁）を参照してください。

(3) 出願の特定

包括納付申出書の援用対象となる出願は、当該申出書に記載された特定出願人、特定代理人及びそれらの組み合わせにより特定します。特許（登録）査定時の願書等に記載された出願人及び代理人の表示が、提出された包括納付申出書に記載の特定出願人及び特定代理人の表示と一致する場合には、原則として、その謄本の送達の日から10日を経過した日に、その包括納付申出書が援用されたものとされます。

意匠登録料の納付書と同時に意匠を秘密にすることを請求する場合には、包括納付制度を利用することはできません。登録査定謄本送達後10日以内に後述の「包括納付援用制限届」を提出し、同謄本の送達から30日以内に秘密意匠の請求をした意匠登録料納付書を提出してください。

包括納付の対象となった出願は特許（登録）査定の謄本の「認証」欄の次に、【包括納付対象案件、予納台帳番号○○○○○○（または振替番号○○○○○○○○）、納付年分1年～○年分】と表示されます。

(4) 包括納付申出書を援用しない旨の届出

包括納付申出人または出願人は「包括納付援用制限届」（特例施規様式第39）を提出することにより、包括納付の対象となった個別の出願を包括納付の対象から除外することができます。

この包括納付援用制限届は、当該特許（登録料）査定の謄本送達後10日以内に提出しなければなりません。

包括納付援用制限届の様式

包　括　納　付　援　用　制　限　届

令和　　年　　月　　日
（提出するHをなるべく記載します。）

特許庁長官　　　　殿

1　届出者

　　識別番号

　　住所又は居所　「住所又は居所」の欄は、識別番号を記載し
　　　　　　　　　た場合には、設ける必要はありません。

　　氏名又は名称

2　代理人

　　識別番号

　　住所又は居所　「住所又は居所」の欄は、識別番号を記載し
　　　　　　　　　た場合には、設ける必要はありません。

　　氏名又は名称

3　届出の内容

　(1)　出願番号

　(2)　査定謄本の送達日

　(3)　包括納付申出書番号

注1　代理人によらないときは「代理人」の欄を設ける必要はありません。

注2　「届出の内容」の欄の「出願番号」には包括納付申出書の援用を制限する特許出願の番号、意匠登録出願の番号又は商標登録出願の番号を、「査定謄本の送達日」には当該出願について査定の謄本の送達があった日を記載します。

注3　「届出の内容」の欄の「包括納付申出書番号」には、援用を制限する包括納付申出書に付与された包括納付申出書の番号を記載します。

注4　その他は、識別番号付与請求書の作成要領（228頁）を参照してください。

付録

(5) 包括納付の申出の取下げ

　　包括納付の申出の取り下げは「包括納付取下書」（特例施規様式第40）を提出することにより行います。

　　特許庁は手続が完了すると包括納付終了通知を送付します。

包括納付取下書の様式

```
　　　　　　　　包 括 納 付 取 下 書

　　　　　　　　　　　　令和　　年　　月　　日
　　　　　　　　　　　　（提出する日をなるべく記載します。）

　　特許庁長官　　　　殿
1　包括納付申出書番号
2　申出人
　　　識別番号
　　　住所又は居所　　（「住所又は居所」の欄は、識別番号を記載し
　　　　　　　　　　　　た場合には、設ける必要はありません。）
　　　氏名又は名称
3　代理人
　　　識別番号
　　　住所又は居所　　（「住所又は居所」の欄は、識別番号を記載し
　　　　　　　　　　　　た場合には、設ける必要はありません。）
　　　氏名又は名称
```

注1　代理人によらないときは「代理人」の欄を設ける必要はありません。

注2　その他は、識別番号付与請求書の作成要領（228頁）を参照してください。

　※包括納付制度についての詳細は、特許庁ホームページ上に掲載されている「設定登録料金の包括納付制度について」等を参照してください。

7．自動納付制度

　自動納付制度とは、いわゆる年金について、設定登録後の特許料、実用新案登録料、意匠登録料（以下、特許料等といいます。）の納付を対象として「自動納付申出書」を特許庁に提出し、その書面を援用することで、申請人の予納台帳または指定銀行口座から特許料等を徴収し、特許（登録）原簿に１年ごとに自動登録する制度です。

　設定登録料の包括納付制度とは異なり、個別に特許番号や登録番号を特定して申出を行います。

　この制度を利用すれば、特許料等の納付期限の管理や個別の納付手続の負担を軽減することができます。

(1)　自動納付制度の対象

　自動納付制度の対象となるのは、設定登録後の特許料、実用新案登録料、意匠登録料です。

　設定登録料、商標権存続期間更新登録料、特許権等が国との共有に係る場合であって持分の定めがある場合等は対象外です。

(2)　自動納付の申出

　自動納付制度を利用するためには、予納制度（238頁参照）または口座振替制度（247頁参照）に基づく届出が事前に完了している必要があります。

　事前準備完了後、「自動納付申出書」（特例施規様式第40の２）を特許庁長官に届け出ます。この申出書には、自動納付申出書の援用を希望する特許番号又は登録番号を記載する必要があります。なお、自動納付申出書等は書面手続により提出します。オンライン手続によって提出することはできません。

　特許庁は手続が完了すると自動納付申出書登録通知を送付します。

付録

自動納付申出書の様式

自　動　納　付　申　出　書

令和　　年　　月　　日
(提出する日をなるべく記載します。)

特許庁長官　　　　　殿

1　特許番号（実用新案登録番号又は意匠登録番号）

2　申出人

　　識別番号

　　住所又は居所

　　氏名又は名称

　　　（代表者）

　　　（電話番号）

　　予納台帳番号（振替番号）

3　代理人

　　識別番号

　　住所又は居所

　　氏名又は名称

4　特許権者（実用新案権者又は意匠権者）

　　識別番号

　　住所又は居所

　　氏名又は名称

　　　（代表者）

5　提出物件の目録

注1　代理人によらないときは「代理人」の欄を設ける必要はありません。

注2　「申出人」の欄には、自らが希望する納付方法に応じて「予納台帳番号」
　　　または「振替番号」を設け、申出人の各番号を記載します。

注3　その他は、識別番号付与請求書の作成要領（228頁）を参照してください。

(3) 自動納付申出書の援用

　特許庁は、納付期限日の約60日前に、所定の特許料等を引き落とす旨を通知し、納付期限日の40日前の日（援用日）に先に提出した自動納付申出書を援用し、当該年分の料金を徴収、特許（登録）原簿へ登録します。料金の引き落としが完了すると「年金領収書（自動納付)」が発行されます。

(4) 自動納付の申出の取下げ

　権利の維持の必要性がなくなった場合など自動納付制度の利用をやめるときは、「自動納付取下書」（特例施規様式第40の３）を提出します。

　特許庁は手続が完了すると自動納付終了通知を送付します。

自動納付取下書の様式

```
　　　　　　　　　自 動 納 付 取 下 書

　　　　　　　　　　　　　　　令和　　年　　月　　日
　　　　　　　　　　　　　　　（提出するＨをなるべく記載します。)

　　　特許庁長官　　　　殿
　1　特許番号（実用新案登録番号又は意匠登録番号)
　2　申出人
　　　　識別番号
　　　　住所又は居所
　　　　氏名又は名称
　　　　　（代表者)
　　　　（電話番号)
　　　　予納台帳番号（振替番号)
　3　代理人
　　　　識別番号
　　　　住所又は居所
　　　　氏名又は名称
　4　特許権者（実用新案権者又は意匠権者)
```

付
録

識別番号

　　　住所又は居所

　　　氏名又は名称

　　　　（代表者）

5　提出物件の目録

注1　代理人によらないときは「代理人」の欄を設ける必要はありません。

注2　その他は、識別番号付与請求書の作成要領（228頁）を参照してください。

　※自動納付制度についての詳細は、特許庁ホームページ上に掲載されている

　　「特許料又は登録料の自動納付制度について」等を参照してください。

8. 主な法定及び指定期間並びにその延長（意匠）

手続	期間の初日	期間（カッコ内は延長期間）	
		国内居住者	在外者
磁気ディスクへの記録の求め	対象となる手続をした日	30日	
新規性喪失の例外適用を受けようとする出願	意匠の公開日（意匠法3条1項1号又は2号に該当するに至った日）	1年	
新規性喪失の例外適用出願の証明書の提出	出願日	30日	
秘密意匠の請求	－	出願と同時又は設定登録料の納付と同時	
パリ優先権主張等を伴う出願	第一国出願日	6月	
パリ優先権証明書の提出	出願日	3月	
設定登録時の登録料の納付	査定又は審決の謄本の送達日	30日（求30日）	
既納登録料の返還請求	登録料の納付日	1年	
拒絶査定不服審判の請求	拒絶査定謄本の送達日	3月	
補正却下決定不服審判の請求	補正却下決定の謄本の送達日	3月	
補正	－	審査、審判又は再審に係属している間	
命令による方式補正	指令書の発送日	30日（期間経過前：求2月 期間経過後：求2月☆）	
弁明書の提出	却下理由通知の発送日	30日	
拒絶理由通知に対する意見書の提出	拒絶理由通知の発送日	40日又は※55日（期間経過前：求2月 期間経過後：求2月☆）	3月（期間経過前：求2月 期間経過後：求2月☆）

左欄の「法定期間」は「磁気ディスクへの記録の求め」から「補正」まで、「指定期間」は「命令による方式補正」から「拒絶理由通知に対する意見書の提出」までに係る。

※手続をする者が、交通不便地居住者の場合：東京都伊豆諸島、小笠原諸島、石川県輪島市海士町（舳倉島）、鹿児島県南西諸島、北海道周辺諸島、沖縄県沖縄本島を除く周辺諸島

注1 法定期間とは、法律（意匠法等）によって手続をすべき期間を定めているものです。
注2 指定期間とは、特許庁長官、審判長又は審査官が一定期間を指定するものです。
注3 （職）は職権延長、（求）は請求延長を示しています。
注4 期間を計算する場合、期間の初日は算入しません。ただし、その期間が午前零時から始まるときは、初日を算入します。
注5 磁気ディスクへの記録の求めは、意匠登録出願等の指定特定手続を書面手続により行う場合にしなければならない手続です（24頁参照）。
注6 ☆指定期間経過前に延長請求した場合には、指定期間経過後の再度の延長請求を行うことはできません。
注7 特許庁ホームページ上に掲載されている「出願の手続」の主要期間一覧表も有用です。ご参照ください。

付録

９．産業財産権関係料金一覧

１．出願料

（1）特許

特許出願　14,000円

外国語書面出願　22,000円

特許法第184条の５第１項の規定による手続　14,000円

特許法第184条の20第１項の規定による申出　14,000円

特許権存続期間の延長登録出願　74,000円

（2）実用新案

実用新案登録出願※　14,000円

実用新案法第48条の５第１項の規定による手続※　14,000円

実用新案法第48条の16第１項の規定による申出※　14,000円

（3）意匠

意匠登録出願　16,000円

秘密意匠の請求　5,100円

（4）商標

商標登録出願　3,400円＋（区分数×8,600円）

防護標章登録出願又は防護標章登録に基づく権利の存続期間更新登録出願
6,800円＋（区分数×17,200円）

重複登録商標に係る商標権の存続期間の更新登録出願　12,000円

２．異議申立て・審判関係手数料

（1）特許

特許異議の申立て　16,500円＋（請求項の数×2,400円）

特許異議の申立ての審理への参加申請　3,300円

（4）商標

商標（防護標章）登録異議申立　3,000円＋（区分数×8,000円）

商標（防護標章）登録異議申立の審理への参加申請　3,300円

３．裁定請求・参加申請

四法共通

裁定請求　55,000円

審判又は再審への当事者の参加申請　55,000円

審判又は再審への補助参加申請　16,500円

4. 審査・審判関係手数料

(1) 特許

出願審査請求　138,000円＋（請求項の数×4,000円）

（特許庁が国際調査報告を作成した国際特許出願）　83,000円＋（請求項の数×2,400円）

（特許庁以外が国際調査報告を作成した国際特許出願）　124,000円＋（請求項の数×3,600円）

（特定登録調査機関が交付した調査報告書を提示した場合）　110,000円＋（請求項の数×3,200円）

誤訳訂正書による明細書、特許請求の範囲又は図面の補正　19,000円

審判（再審）請求　49,500円＋（請求項の数×5,500円）

特許権の存続期間の延長登録又はその拒絶査定に係る審判（再審）請求　55,000円

(2) 実用新案

実用新案技術評価請求　42,000円＋（請求項の数×1,000円）

（特許庁が国際調査報告を作成した国際実用新案登録出願）　8,400円＋（請求項の数×200円）

（特許庁以外が国際調査報告を作成した国際実用新案登録出願）　33,600円＋（請求項の数×800円）

審判（再審）請求　49,500円＋（請求項の数×5,500円）

明細書、実用新案登録請求の範囲又は図面の訂正　1,400円

(3) 意匠

審判（再審）請求　55,000円

(4) 商標

審判（再審）請求　15,000円＋（区分数×40,000円）

付録

5．特許料・登録料

(1)　特許料

平成16年３月31日までに審査請求をした出願

第１年から第３年まで　毎年10,300円に１請求項につき900円を加えた額

第４年から第６年まで　毎年16,100円に１請求項につき1,300円を加えた額

第７年から第９年まで　毎年32,200円に１請求項につき2,500円を加えた額

第10年から第25年まで　毎年64,400円に１請求項につき5,000円を加えた額

平成16年４月１日以降に審査請求をした出願

第１年から第３年まで　毎年4,300円に１請求項につき300円を加えた額

第４年から第６年まで　毎年10,300円に１請求項につき800円を加えた額

第７年から第９年まで　毎年24,800円に１請求項につき1,900円を加えた額

第10年から第25年まで　毎年59,400円に１請求項につき4,600円を加えた額

(2)　実用新案登録料

第１年から第３年まで　毎年 2,100円に１請求項につき100円を加えた額

第４年から第６年まで　毎年 6,100円に１請求項につき300円を加えた額

第７年から第10年まで　毎年 18,100円に１請求項につき900円を加えた額

(3)　意匠登録料

第１年から第３年まで　毎年　8,500円

第４年から第25年まで　毎年 16,900円（第21年から第25年までについては、令和２年４月１日以降の出願のみ）

(4)　商標登録料

商標登録料　区分数×32,900円

分納額（前期・後期支払分）　区分数×17,200円

更新登録申請　区分数×43,600円

分納額（前期・後期支払分）　区分数×22,800円

商標権の分割申請　30,000円

防護標章登録料　区分数×32,900円

防護標章更新登録料　区分数×37,500円

６．その他の手数料

(1) 特許法等関係手数料

　　期間の延長、期日の変更　2,100円

　　登録証の再交付請求　4,600円

　　承継の届出（名義変更）　4,200円

　　証明の請求

　　（窓口）1,400円

　　（オンライン）　1,100円

　　書類の閲覧請求　1,500円

　　原簿の閲覧請求　300円

　　ファイル記録事項の閲覧請求

　　（窓口）900円

　　（オンライン）600円

　　磁気原簿記録事項の閲覧請求

　　（窓口）　800円

　　（オンライン）　600円

　　書類謄本の交付請求　1,400円

　　原簿謄本の交付請求　350円

　　ファイル記録事項記載書類の交付請求

　　（窓口）　1,300円

　　（オンライン）　1,000円

　　登録事項（磁気原簿）記録書類の交付請求

　　（窓口）　1,100円

　　（オンライン）　800円

　　磁気ディスクへの記録（電子化手数料）　2,400円＋書面のページ数×800円

(2) 弁理士試験受験手数料

　　弁理士試験受験手数料　12,000円

(3) PCTに基づく国際出願関係手数料

　　国際調査手数料　190,300円　国際出願の用紙が30枚まで

送付手数料　17,000円

国際調査の追加手数料（1発明毎）

国際予備調査手数料　34,000円

国際予備調査の追加手数料　28,000円×請求の範囲の発明数から1を減じた数

(4)　意匠の国際登録出願関係手数料

送付手数料　3,500円

(5)　商標の国際登録出願関係手数料

国際登録出願　9,000円

事後指定　4,200円

国際登録の存続期間の更新申請　4,200円

国際登録の名義人の更新の記録の請求　4,200円

詳細は　https://www.jpo.go.jp/system/process/tesuryo/hyou.htmlをご覧ください。

（令和5年1月1日現在）

10. 公報について（令和4年1月12日以降）

紙媒体（合本）

種別	収録件数	価格	発行形態
公開特許公報	81〜100件	6,755円	7部門26区分別 合本
	61〜80件	5,414円	
	41〜60件	4,060円	
	21〜40件	2,707円	
	1〜20件	1,353円	
特許公報 ・番号順 ・分類順	41〜50件	3,326円	7部門26区分別 合本
	31〜40件	2,656円	
	21〜30件	1,998円	
	11〜20件	1,328円	
	6〜10件	670円	
	1〜5件	341円	
意匠公報	100件／冊	1,872円	1発行で約7冊

紙媒体（分冊）

種別	価格		調査料 （1指定/月）
公開特許公報	10頁まで	126円／件	660円
	11頁以降	13円／頁	
公表・再公表公報	10頁まで	126円／件	660円
	11頁以降	13円／頁	
特許公報	10頁まで	88円／件	660円
	11頁以降	13円／頁	
登録実用新案公報	5頁まで	63円／件	660円
	6頁以降	13円／頁	
意匠公報	50円／件		660円
商標公報	19円／頁		660円
公開商標公報	19円／頁		660円

紙媒体（目次）

種　　別	収録件数	価　　格	発行形態
公開特許公報目次	100件	126円／冊	7部門26区分別
特許公報目次	最大50件	75円／冊	7部門26区分別
登録実用新案公報目次	100件	126円／冊	全分類を含む
意匠公報目次	700件	506円／冊	全分類を含む

11. 経済産業局等知的財産室及び知財総合支援窓口一覧

経済産業局等知的財産室

- 北海道経済産業局 知的財産室　TEL：011-709-5441

  （北海道）

  北海道知的財産戦略本部　TEL：011-747-8256

- 東北経済産業局 知的財産室　TEL：022-221-4819

  （青森県、岩手県、宮城県、秋田県、山形県、福島県）

  東北知的財産戦略本部　TEL：022-221-4819

- 関東経済産業局 知的財産室　TEL：048-600-0239

  （茨城県、栃木県、群馬県、埼玉県、千葉県、東京都、神奈川県、新潟県、

  山梨県、長野県、静岡県）

  広域関東圏知的財産戦略本部　TEL：048-600-0239

- 中部経済産業局 知的財産室　TEL：052-951-2774

  （富山県、石川県、岐阜県、愛知県、三重県）

  中部知的財産戦略本部　TEL：052-951-2774

- 近畿経済産業局 知的財産室　TEL：06-6966-6016

  （福井県、滋賀県、京都府、大阪府、兵庫県、奈良県、和歌山県）

  近畿知的財産戦略本部　TEL：06-6966-6016

- 中国経済産業局 知的財産室　TEL：082-224-5680

  （鳥取県、島根県、岡山県、広島県、山口県）

  中国地域知的財産戦略本部　TEL：082-224-5680

- 四国経済産業局 知的財産室　TEL：087-811-8519

  （徳島県、香川県、愛媛県、高知県）

  四国知的財産活用推進協議会　TEL：087-811-8519

- 九州経済産業局 知的財産室　TEL：092-482-5463

  （福岡県、佐賀県、長崎県、熊本県、大分県、宮崎県、鹿児島県）

  九州知的財産活用推進協議会　TEL：092-482-5463

付録

●内閣府沖縄総合事務局 知的財産室　TEL：098-866-1730
　（沖縄県）
　沖縄地域知的財産戦略本部　TEL：098-866-1730

令和4年度 INPIT　知財総合支援窓口一覧

chizai-portal.inpit.go.jp/apout/

参　考

1. 主要参考文献一覧

（文献名　　　著者等　　　発行・更新年月）

工業所有権法（産業財産権法）逐条解説〔第21版〕

　　特許庁総務部総務課制度審議室　　　令和２年５月

平成23年特許法等の一部改正　産業財産権法の解説

　　特許庁工業所有権制度改正審議室　　　平成23年12月

平成26年特許法等の一部改正　産業財産権法の解説

　　特許庁総務部総務課制度審議室　　　平成26年12月

平成27年特許法等の一部改正　産業財産権法の解説

　　特許庁総務部総務課制度審議室　　　平成28年２月

平成30年特許法等の一部改正　産業財産権法の解説

　　特許庁総務部総務課制度審議室　　　令和元年７月

令和元年特許法等の一部改正　産業財産権法の解説

　　特許庁総務部総務課制度審議室　　　令和２年４月

令和３年特許法等の一部改正　産業財産権法の解説

　　特許庁総務部総務課制度審議室　　　令和４年２月

方式審査便覧　　特許庁　　　令和４年４月

審判便覧（改訂第19版）　　特許庁審判部　　　令和４年４月

出願の手続（令和４年度）　　特許庁　　　令和４年６月

2021年度知的財産権制度説明会（実務者向け）各種講義資料

　　（https://www.jpo.go.jp/news/shinchaku/event/seminer/chizai_setumeikai_jitsumu.html）

　　特許庁ホームページ　　　令和４年２月

インターネット出願ソフト　全機能版操作マニュアル（第04.50版）

　　特許庁電子出願ソフトサポートサイト　　　令和４年５月

電子出願ソフトサポートサイト＞サポート＞手続関係の留意事項

　　（http://www.pcinfo.jpo.go.jp/site/4_news/3_appl/）

　　特許庁電子出願ソフトサポートサイト　　　令和４年４月

書面で手続する場合の電子化手数料について　　特許庁ホームページ　　令和4年7月

特許庁関係手続における押印の見直しについて

　（https://www.jpo.go.jp/system/process/shutugan/madoguchi/info/oin-minaoshi.html）

　特許庁ホームページ　　令和3年10月

クレジットカードによる納付（指定立替納付）

　（https://www.jpo.go.jp/system/process/tesuryo/nohu/credit_shinsetsu.html）

　特許庁ホームページ　　令和4年4月

特許庁関係手続における登記事項証明書の添付の省略について

　（https://www.jpo.go.jp/system/process/shutugan/madoguchi/info/tohki-syoryaku.html）

　特許庁ホームページ　　令和4年3月

期間徒過後の救済規定に係るガイドライン【四法共通】（令和3年4月26日改訂版）

　特許庁　　令和3年4月

J-PlatPat操作マニュアル　　独立行政法人工業所有権情報・研修館　　令和3年2月

特許庁ステータスレポート2022　　特許庁　　令和4年3月

公報発行案内　　特許庁総務部普及支援課　　令和4年1月

登録の実務Q＆A　　特許庁ホームページ　　平成28年4月

平成24年4月以降の実施権登録制度の概要　　特許庁ホームページ　　平成24年4月

産業財産権関係料金一覧　　特許庁ホームページ　　令和4年4月

特許料等の減免制度　　特許庁ホームページ　　平成31年3月

意匠登録出願等の手続のガイドライン（令和4年4月版）　　特許庁　　令和4年4月

意匠登録出願の願書及び図面等の記載の手引き（令和3年3月）　　特許庁　　令和3年4月

意匠の新規性喪失の例外規定の適用を受けるための手続について

　特許庁ホームページ　　令和3年10月

意匠の新規性喪失の例外規定（意匠法第4条第2項）についてのQ＆A集

　特許庁ホームページ　　令和3年10月

意匠審査基準　　特許庁審査第一部意匠課意匠審査基準室　　令和3年4月

意匠審査便覧　　特許庁審査業務部意匠課意匠審査基準室　　令和3年3月

初めてだったらここを読む〜意匠出願のいろは〜　　特許庁ホームページ

国際出願（意匠）

（https://www.jpo.go.jp/system/design/hague/index.html）　特許庁ホームページ

意匠の国際登録制度（ハーグ制度）について【出願実務】（令和３年度実務者向けテキスト）

（https://www.jpo.go.jp/system/design/hague/tetuzuki/hague_text_r01.html）

特許庁　　令和４年３月

2．一般財団法人創英IPラボ及び創英国際特許法律事務所のご紹介

◆　一般財団法人創英IPラボ

　平成27年（2015年）2月設立。主な事業内容として、知的財産に関する国内外の制度、判例・審判決例、実務慣行等の情報の収集、調査・研究による体系化、及び、その成果の外部発表（出版、講演等）を通じた国際的に活躍できる知的財産の実務家の養成等を行っている。

　≪主な出版≫
　「［テーマ別］重要特許判例解説」(日本評論社)
　「早わかり 意匠判例集」(日本評論社)
　「外国意匠制度概説」(日本評論社)
　「ASEAN 特許実務ハンドブック」

　≪講演会等≫
　定期的に知的財産権問題に関する講演会を開催。
　講師には、元裁判官、元審判官、大学教授、弁護士、
　ジャーナリスト、その他の有識者を招聘。

◆　創英国際特許法律事務所

　昭和61年（1986年）2月創業。東京丸の内に本部を有する知的財産・企業法務の総合事務所。各技術分野の特許専門弁理士、意匠・商標専門弁理士、及び弁護士を擁し、権利化から権利行使まで知的財産全般を取り扱う。
　　会長　　　:弁護士　設樂 隆一　　　（元・知的財産高等裁判所所長）
　　所長　　　:弁理士　長谷川 芳樹

　　有資格者数　：弁理士116名、弁護士6名
　　グループ全体：293名　　　　　　※令和4年5月末時点

　所員全員が専門法域・分野を問わず協働・連携し、お客様の知的財産経営を多面的に支援していく「知財の匠集団」(商標登録4977964号)となるべく、以下に掲げる「理念」をもって業務を遂行している。

> **創英の「理念」**
> 　私たちは、
> 　"発明やブランドが知的財産権として過不足なく保護され" かつ、
> 　"経済活動の自由を阻害するような知的財産権の濫用も許さない"
> 　社会の実現をめざします。
> 　そして、"お客様に「さすが！」と言わせたい"という思いを大切にし、
> 　専門力・人間力・連携力を日々進化させていきます。

令和2年（2020年）以降、首都圏を中心に拠点分散型ネットワークオフィスを実現し、働き方改革を進めている。令和4年夏には第3の海外拠点となるシアトルにてオフィスを開設。

創英の拠点分散型ネットワークオフィス
※基幹業務システムを共有する「知財の匠集団®」です。

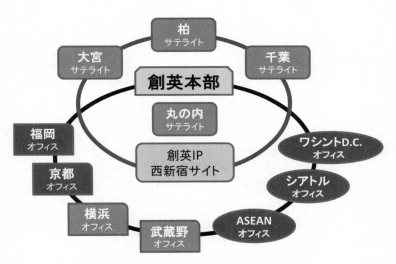

※弁護士業務は東京本部（丸の内）のみで行います。

※詳しくは、QRコードよりHP
（http://www.soei.com/）をご覧ください。

採用サイトや法律部門専用サイトもこちらから
ご覧いただけます。

意匠出願のてびき
令和3年改正法対応

カバーデザイン　株式会社丸井工文社

1950年（昭和25年）　3月25日　初 版　発行
2015年（平成27年）10月15日　第35版　発行
2023年（令和5年）　1月31日　第36版　発行

編　　集　一般財団法人創英IPラボ
Ⓒ2023 SOEI IP LABO FOUNDATION

発　　行　一般社団法人発明推進協会

東京都港区虎ノ門2−9−14
電話　東　京　03(3502)5433（編集）
　　　東　京　03(3502)5491（販売）
Fax.　東　京　03(5512)7567（販売）

印刷 株式会社丸井工文社
Printed in Japan
乱丁・落丁本（頁の順序が違うもの・頁が抜け落ちている
もの）はお取替えいたします。

ISBN978-4-8271-1376-1　C3032